Candide en Dannemarc
ou l'optimisme des honnêtes gens

Manchester University Press

Candide en Dannemarc
ou l'optimisme des honnêtes gens

Voltaire
édition préparée par Édouard Langille

Paulo graviora canamus
Doct. Ralph
À Genève
(Rouen)
MDCC LXVII

Manchester University Press
Manchester and New York

Copyright © Edward Languille 2007, 2009

The right of Edward Languille to be identified as the editor of this work has been asserted by him in accordance with the Copyright, Designs and Patents Act 1988.

Published by Manchester University Press
Oxford Road, Manchester M13 9NR, UK
and Room 400, 175 Fifth Avenue, New York, NY 10010, USA
www.manchesteruniversitypress.co.uk

Distributed exclusively in the USA by
Palgrave, 175 Fifth Avenue, New York NY 10010, USA

Distributed exclusively in Canada by
UBC Press, University of British Columbia, 2029 West Mall, Vancouver, BC, Canada V6T 1Z2

British Library Cataloguing-in-Publication Data
A catalogue record for this book is available from the British Library

Library of Congress Cataloging-in-Publication Data
A catalog record for this book is available from the Library of Congress

ISBN 13: 978 0 7190 8190 3

First published 2007 by Durham Modern Languages Series
This edition first published 2009 by Manchester University Press

Printed by Lightning Source

Introduction

Une deuxième suite de *Candide, ou l'Optimisme* (1759)

Publié à Rouen en 1767[1] (mais affichant le nom de Genève), réimprimé dans cette même ville en 1769, le roman, *Candide en Dannemarc, ou l'optimisme des honnêtes gens* propose une suite et une conclusion aux aventures de Candide.

À l'instar du chef-d'œuvre de Voltaire, ce roman se proclame une « traduction de l'allemand » du fameux « Docteur Ralph ». On se souvient que le même subterfuge constitue la « raison suffisante » de la parution d'une version définitive de *Candide* en 1761 – « additions [...] retrouvées dans la poche du Docteur, lorsqu'il mourut à Minden l'An de Grâce 1759 » et que, sous la même égide, parut en 1760, *Candide, seconde partie*, ouvrage de Du Laurens, mais que beaucoup de contemporains, y compris l'auteur de notre roman, attribuaient à Voltaire.[2] Point de repère indiciel, le nom fétiche de Ralph est une fois de plus placé au seuil d'un texte inspiré par le « meilleur des contes ».

Voici cependant que l'auteur de *Candide en Dannemarc* abuse de la supercherie. Dans une « lettre » en avant texte, il désigne Voltaire sous le nom du célèbre docteur

---

[1] Et non en 1765 comme l'affirme Mornet par erreur ; D. Mornet, « Les Imitations du Candide de Voltaire au XVIIIe siècle », dans *Mélanges offerts par ses amis et ses élèves offerts à M. Gustave Lanson* (réimpression de l'édition de Paris, 1922 ; Genève : Slatkine, 1972), p. 298–303.

[2] *Candide, ou l'Optimisme, seconde partie* (1760), édition préparée par É. Langille, Exeter textes littéraires 2 (Exeter : Exeter University Press, 2003).

Ralph, mais, qui plus est, il a tôt fait de l'assimiler à
« l'optimisme du maître Pangloss » (Voltaire = Ralph =
Pangloss), disposition qu'il se plaît à opposer par la suite
au « pessimisme » du philosophe Jean-Jacques ! D'où vient
une telle interprétation du scepticisme voltairien ? A-t-on
pu lire *Candide* sans y reconnaître un démenti mordant
du *credo* de l'Optimisme ? Pour être audacieuse, c'est précisément cette lecture du chef-d'œuvre de Voltaire que
propose *Candide en Dannemarc*. À noter toutefois que
dans la querelle paradigmatique opposant, d'une part le
seigneur de Ferney, et de l'autre, le citoyen de Genève,
notre auteur se range volontiers sous la bannière du « philosophe allemand » (entendons Voltaire), tout en récusant
les « tristes rêveries » de Jean-Jacques.

> Déjà j'imagine l'Europe, que les lettres écrites de la campagne, de la montagne et de la ville, assurent partagée aujourd'hui entre le pessimisme de Jean-Jacques et l'optimisme de maître Pangloss, je l'imagine réunie avant peu sur le philosophe allemand, regretter d'avoir balancé si longtemps entre les rêveries du pédagogue d'Émile et les expériences de Candide.

L'adhésion de notre auteur au camp voltairien est du
reste confirmée par cette allusion à la querelle des « lettres » (1763-1765), initiée par Jean Robert Tronchin
(1710-1793), cousin du médecin de Voltaire, procureur
général du Conseil des Deux Cents, et auteur des *Lettres
écrites de la campagne*, dont il est fait mention dans notre
texte.

Suite à la parution d'*Émile, ou de l'Éducation* en 1762,
ce pamphlet justifiait la condamnation de Rousseau par le
Grand Conseil de Genève. Rousseau y répond le 9 juin
1764 en publiant les *Lettres écrites de la montagne*.[3] Sur

---

[3] *Lettres écrites de la campagne*, proche Genève, 1763. Jean-Jacques y répondit par les *Lettres de la montagne*, qui donnèrent aussi naissance à un autre écrit: *Réponse aux Lettres écrites de la campagne, avec une addition* (par François Henri

ces entrefaites un pamphlet anonyme intitulé *Le Sentiment des Citoyens* apprend aux Genevois que l'auteur de ce traité d'éducation a déposé ses enfants aux Enfants-Trouvés. Le texte est de Voltaire.⁴

Silence des contemporains :

De tels avant propos sont, certes, aguichants. Attendu le brouhaha qui suivit la parution de *Candide, seconde partie*, on aurait pu s'attendre à ce que *Candide en Dannemarc* suscitât bien des réactions. Il n'en fut pourtant rien. Sondant la réception de ce troisième tome des péripéties

---

4   d'Ivernois), 1764. Tronchin répliqua par des *Lettres populaires où l'on examine la Réponse aux Lettres écrites de la campagne.* On vit paraître ensuite *Réponse aux Lettres populaires*, 1765 et 1766, avec une suite; et *Lettres écrites de la plaine* par l'abbé Sigorgue (Paris, 1765).

« On a pitié d'un fou; mais quand la démence devient fureur, on le lie. La tolérance, qui est une vertu, serait alors un vice. Nous avons plaint Jean-Jacques Rousseau, ci-devant citoyen de notre ville, tant qu'il s'est borné dans Paris au malheureux métier d'un bouffon qui recevait des nasardes à l'Opéra, et qu'on prostituait marchant à quatre pattes sur le théâtre de la Comédie. A la vérité, ces opprobres retombaient en quelque façon sur nous: il était triste pour un Genevois arrivant à Paris de se voir humilié par la honte d'un compatriote. Quelques-uns de nous l'avertirent, et ne le corrigèrent pas. Nous avons pardonné à ses romans, dans lesquels la décence et la pudeur sont aussi peu ménagées que le bon sens; notre ville n'était connue auparavant que par des mœurs pures et par des ouvrages solides qui attiraient les étrangers à notre Académie: c'est pour la première fois qu'un de nos citoyens l'a fait connaître par des livres qui alarment les mœurs, que les honnêtes gens méprisent, et que la piété condamne. Lorsqu'il mêla l'irréligion à ses romans, nos magistrats furent indispensablement obligés d'imiter ceux de Paris et de Berne, dont les uns le décrétèrent et les autres le chassèrent. Mais le conseil de Genève, écoutant encore sa compassion dans sa justice, laissait une porte ouverte au repentir d'un coupable égaré qui pouvait revenir dans sa patrie et y mériter sa grâce », *Sentiment des citoyens*, Beuchot Mélanges, XXV, p. 310–14.

de Candide, le chercheur le plus acharné restera sur sa soif. Car malgré son titre alléchant, malgré les scandales d'ordre littéraire et philosophique qu'il annonce, *Candide en Dannemarc* fut largement ignoré du public lettré. Ni Grimm, ni Fréron n'en signalent la parution ; de même, aucun périodique du temps ne le mentionne.[5] Nous savons toutefois que Voltaire le possédait dans sa bibliothèque et que, dans la marge, résumant ses impression de lecteur il écrivit : « par un sot ».[6]

Édité deux fois, *Candide en Dannemarc* ne fut ni repris, ni traduit. « Avorton » sans lendemain, il disparut sans laisser de trace.[7] Ou presque. Car à défaut de s'imposer par ses mérites littéraires, le renom de son héros éponyme assurait que les historiens de la littérature y reviendraient un jour ou l'autre.

Ils le firent au début du siècle dernier au moment où l'intérêt des amateurs pour *Candide* aiguillonnait la curiosité d'un chacun pour tout ce qui y avait trait, à commencer par les « mauvaises copies », dits apocryphes, qui suivirent dans le sillage du chef-d'œuvre de Voltaire.[8]

Dans un article intitulé « Les Imitations du *Candide* de Voltaire au XVIIIe siècle » (1922) Daniel Mornet tira *Can-*

---

[5] J. Rustin, « Les suites de Candide au XVIIIe siècle », *SVEC*, 90 (1972), p. 1413 ; signalons que *Candide en Dannemarc* est mentionné dans *L'Histoire littéraire de monsieur de Voltaire* de J. de la Roche du Maine (Cassel, 1780), III, p. 353–4.

[6] D'après le catalogue de Havers et Torrey N°. 536. G. Havers et N. Torrey, « Voltaire's Catalogue of his Library at Ferney », *SVEC*, 9 (1955), p. 86. Voir aussi BV 631 *Bibliothèque de Voltaire : catalogue des livres* (Moscou-Leningrad : Académie soviétique des sciences, 1961).

[7] Voltaire à Damilaville D13405 12 juillet 1766 : « Il pleut de tous côtés des ouvrages indécents, comme *la chandelle d'Arras, le compère Mathieu, l'espion chinois* et tant d'autres avortons qui périssent au bout de 15 jours, et qui ne méritent pas qu'on fasse attention à leur existence passagère. »

[8] La première édition critique de *Candide* datant de 1913 ; *Candide, ou, L'optimisme*, édition critique par A. Morize (Paris : Hachette/STMF, 1913).

dide en Dannemarc du silence où plus de 150 ans d'oubli l'avaient enseveli. Présenté dans le contexte d'un faisceau de pastiches et d'imitations inspirés par le succès du conte de Voltaire, notre roman se dit « troisième tome » de l'histoire de Candide. Chose curieuse cependant. Mornet ne put repérer *Candide, seconde partie*, récit auquel l'intrigue de *Candide en Dannemarc* est greffée. « La lecture de l'ouvrage, écrit-il, prouve qu'il est évidemment la suite d'un autre volume qui devait s'intituler : *Candide en ... et que nous n'avons pas retrouvé* ».[9] Or sans connaître *Candide, seconde partie*, il était impossible que Mornet situât tout ce qui, du point de vue narratif, structurel et thématique rattache *Candide en Dannemarc* à la *Seconde partie* d'où il émerge. La carence est d'autant plus inexplicable que le volume intitulé *Candide, seconde partie* fut édité de nombreuses fois au XVIIIe siècle et présenté, dans tous les cas, comme l'œuvre même de Voltaire. De 1761 à 1778 Bengesco compte neuf éditions successives de *Candide, seconde partie*.[10] À ce chiffre, on ajoutera les deux répertoriées par Besterman, ainsi que celle du volume XVIII.ii des *Œuvres complètes de Voltaire*[11] signalée par Morize.[12] Cela fait 12 éditions françaises au dix-huitième siècle ! Or Thacker rappelle que *La Seconde partie* fut traduite en anglais (1761), en italien (1761) et en allemand (1778) et que ces traductions, s'inscrivant dans les traditions littéraires des pays concernés, furent copiées et reprises pendant toute la fin du dix-huitième siècle et, dans certains cas, bien après.[13]

C'est enfin Émile Henriot qui vint à la rescousse. Trois ans après la parution de l'article de Mornet, Henriot signala, en effet, cette *Seconde partie* faisant défaut aux

---

[9] n.1, p. 298.
[10] G. Bengesco, *Voltaire : Bibliographie de ses œuvres* (Paris : éd. Rouveyre et Blond, 1882), I, p. 449–53.
[11] (Amsterdam, 1764), p. 611–70.
[12] A. Morize, *Candide* (Paris : Hachette, 1913), p. lxx.
[13] C. Thacker, « Son of Candide », *SVEC*, 58 (1967), p. 1518.

analyses de Mornet. Un article du *Temps* daté du mois de février 1925 mentionne *Candide II* comme une curiosité « *à la manière de...* ».[14] Voilà ce qu'en dit l'éminent critique :

> Poursuivant la lecture de notre *Candide*, nous arrivâmes à la fin du conte aux deux tiers du volume : le troisième étant occupé par une seconde partie, également traduite de l'allemand de M. le docteur Ralph. Nous n'avions jamais lu cette seconde partie ; en ayant examiné les premières lignes, nous allâmes d'un trait jusqu'au bout. Pour une fois, la suite apocryphe d'un chef-d'œuvre nous a paru presque aussi amusante que le chef-d'œuvre lui-même : cette seconde partie de *Candide*, assurément, n'a pas la force et le pétillement de la première, mais elle est pleine de verve et de gaieté, tout à fait dans la manière de l'auteur des *Contes*.

Ce que Mornet ne savait pas, évidemment, c'est que la conclusion de *Candide, seconde partie* situe les aventures de notre héros au Danemark.

Ayant quitté le Levant esclave d'un marchand Arménien, Candide s'installe d'abord en Norvège, et ensuite, au terme d'une péripétie effarante, au royaume du Danemark. La mort inespérée de Cunégonde (redevenue acariâtre et laide) lui permet d'épouser la noble Zénoïde (abandonée en plein milieu de la forêt norvégienne) ! Enfin, pour s'assimiler à l'aristocratie danoise, Candide se rend à Hambourg où il se fait fabriquer une généalogie noble (anecdote développée plus longuement au chapitre 12 de *Candide en Dannemarc*). Cette métamorphose accomplie, il retourne au Danemark où Zénoïde le presse de changer son nom de Candide en « Canut », et plus tard en « Canutson » ou, pour être plus exact, en « Conrad Léopold Caspar Auguste Frédéric Christian Canutson ». Cela fait plus noble et plus danois :

---

14   *Le Temps* (17 février 1925).

La mort de mademoiselle Cunégonde, que les correspondants des négociants jésuites répandirent dans Copenhague, procura à Zénoïde les moyens de concilier les esprits. Elle fit faire une généalogie pour Candide. L'auteur qui était habile homme le fit descendre de l'une des plus anciennes familles de l'Europe. Il prétendit même que son vrai nom était *Canut* que porta un des rois de Danemark, ce qui était très vraisemblable : *dide* en *ut* n'est pas une si grande métamorphose. (p. 49)

L'important pour le moment, c'est de noter que *Candide en Dannemarc* reprend l'intrigue de *Candide II*, mais sans tenir compte du chapitre 20 qui y sert de dénouement heureux. Donc, au chapitre premier de *Candide en Dannemarc*, notre héros, qui se mariait à la dernière page *de Candide II*, gémit toujours dans « les prisons danoises en butte à la haine du seigneur Vollhal ». Dans le même temps ce brutal a enfermé sa nièce Zénoïde dans un « hideux château » où elle attend qu'il la dépouille de son patrimoine.

Un démenti de l'éthique voltairienne : l'Optimisme triomphant

Le silence des contemporains face à *Candide en Dannemarc* est à la fois embarrassant et riche de sens. Roman de la vertu, l'ouvrage fait abstraction du « sel » que le public avait goûté dans le texte original.

Loin donc de proposer un pastiche de Voltaire – ce qui fait des meilleures pages de *Candide, seconde partie* un roman libertin – l'auteur de *Candide en Dannemarc* s'évertue à retourner contre Voltaire les indécences choquantes ainsi la philosophie du scepticisme mise au point dans les derniers chapitres de *Candide*.[15] Il en résulte un

---

[15] « Tout le monde convient que l'illustre traducteur a fait dire en français de fort jolies choses au vénérable Allemand dans ses deux premiers tomes. Mais tout le monde est à peu près égale-

nouvel avatar du personnage de Candide qui, pour être le dernier des ennuyeux, n'en récupère pas moins la philosophie de l'Optimisme. Candide est soudain porté au comble du bonheur. Face aux incertitudes d'autrui, l'heureux Candide n'hésite pas à affirmer :

> Non, [...] je ne douterai plus de l'optimisme. Ma condition est la meilleure des conditions possibles. Je trouve très bonnes, très nécessaires toutes les épines qui ont parsemé le chemin par où je suis arrivé à la félicité.

Et pourtant ! Qui a lu *Candide* sait bien que tous les mirages de bonheur chers à notre protagoniste s'évanouissent. Tant est si bien qu'il ne lui reste, à la fin, « parmi les ruines de [ses] illusions », que « la croyance au travail et, peut-être le progrès lentement conquis ». Bref, *Candide* ébranle « les fondements de l'édifice humain ».[16]

Rien de tel dans *Candide en Dannemarc* qui préconise, plutôt, un retour à l'optimisme le plus benêt. En un clin d'œil tout redevient possible : l'amour d'une belle fille, l'ascension sociale, la faveur royale, les grandes charges. En un mot, un bonheur inattendu vient ici couronner les mérites de l'aimable Candide, devenu un gros seigneur, ami du peuple, aimé et estimé de son roi.

À la satire voltairienne, l'on supplée une « fable médiocre » – dont la morale apprend qu'il convient d'être « optimiste », que la religion est bonne quand elle est bien comprise et ses ministres dévoués », et que les méchants sont punis et les bons récompensés.[17] L'important, semble-t-il, c'est d'y croire, d'y travailler et d'y être enclin par tempérament. On imagine la grimace de Voltaire...

---

ment fâché qu'il n'ait pas été plus décent dans ses images et dans ses expressions que le jeune Westphalien dans ses aventures ».

[16] D. Mornet, « Les Imitations de Candide », dans *Mélanges offerts à Gustave Lanson* (Paris : Hachette, 1922 ; réimpression Genève : Slatkine, 1972), p. 301.

[17] Ibid.

Il est, à ce titre, significatif que le seul personnage de *Candide* à refaire surface dans *Candide en Dannemarc* (exception faite à Candide lui-même et le fidèle Cacambo) est le philosophe Martin. Pangloss et Cunégonde meurent dans *Candide, seconde partie*, et ne font aucune apparition dans notre texte. Reste le philosophe manichéen, incarnation du pessimisme le plus crispant. C'est en effet Martin qui vient remplir dans les chapitres 30–31 la fonction de repoussoir, permettant au nouveau (et fastidieux) Candide d'exposer tout son zèle pour l'optimisme du regretté Pangloss. La réapparition symbolique de Martin est, par ailleurs, préfigurée dans les chapitres 27–29 par l'intrusion d'un personnage réel : le « très singulier » philosophe Jean-Jacques.

L'un des points d'intérêt pour le chercheur moderne de *Candide en Dannemarc* est le portrait satirique de Jean-Jacques Rousseau qui y affleure (et ce avant même que Rousseau ait atteint l'apogée de sa carrière.) Ce « demi civilisé », sec, intransigeant, se nourrissant de « salade sauvage » à la fois herboriste, compositeur et copiste de musique fait irruption dans le roman.

Dépité par tous ses conflits avec les autorités européennes, il prétend vouloir s'établir « instamment » en Amérique, utopie et patrie de l'homme libre. En attendant, il cultive paradoxe sur paradoxe, et vit lamentablement à Copenhague du métier de copiste de musique :

> Je pense avec douleur aux misères de l'homme en société, mais pour cela je ne les échangerai[s] pas volontiers contre le bonheur de l'homme sauvage. Je pense à passer en Amérique. Il y a cent à parier contre un que je n'y passerai pas. Cependant je suis outré, désespéré de voir que dans ce monde policé, l'homme soit dégradé, avili, chargé d'un joug peu fait pour des animaux raisonnables.

La rencontre de Jean-Jacques avec Candide (qui le prend d'abord pour le philosophe Martin) donne d'abord lieu à un éloge assez inattendu du talent et du caractère de cet homme à la voix mélodieuse et douce, parlant français avec « autant d'aisance que de facilité ».

Dans le même temps, notre roman fournit un contexte contemporain « à la satire des doctrines pessimistes [de Rousseau] concernant la société et la civilisation ».[18] D'où un débat réel permettant à Candide d'expliquer sa foi inébranlable dans le *credo* optimiste. Certes le misanthropique Jean-Jacques nous paie de ses vues tranchantes. Il y fait la part belle à sa haine contre les institutions humaines, et surtout contre l'Église. L'étonnant, c'est que, au cours de cet échange, notre héros, tout en étalant ses malheurs passés, ne demande pas mieux que d'y passer l'éponge !

> Quoique j'aie été volé par un moine espagnol, trahi par un abbé français, outragé par un jésuite allemand, cruellement traité par un prélat portugais, et lâchement abandonné à la calomnie par un général d'ordre de religieux orientaux, cependant j'honore le clergé de toutes les religions et plains sincèrement ceux qui ont le malheur de se l'attirer à dos.

Ajoutons que dans une perspective purement littéraire, *Candide en Dannemarc* rend compte d'une certaine lecture d'*Émile, ou de l'éducation* (1762), roman dans lequel Rousseau se dresse contre les influences corruptrices de la société (progrès des sciences, accumulation des richesses). Notons cependant que si la philosophie rousseauiste y est effleurée, il ne s'en dégage qu'une caricature grotesque qui, loin de nous faire haïr un « pauvre persécuté », excite plutôt des sentiments de pitié pour un homme « possédé » au sens presque dostoïevskien du terme : « Quand les fous ne sont point hargneux, se dit monsieur Canutson, on les laisse courir les champs et il laissa Jean-Jacques courir les bois ».

---

[18] Rustin (1972), p. 1415.

Itinéraire moral et politique : l'idéal aristocratique au Siècle des Lumières

Les commentateurs modernes de *Candide en Dannemarc* sont d'accord pour n'y voir qu'un récit d'aventures « banales et communes ».[19] Christopher Thacker va même jusqu'à soutenir que le roman « is lengthy, decorous and dull »,[20] opinion largement partagée par Jacques Rustin, qui le qualifie de « médiocre ».[21] Cela étant, certaines nuances s'imposent.

Il est vrai, par exemple, que l'essentiel du roman (chapitres 14-33) narre la vie heureuse et édifiante de notre couple dans leur hôtel somptueux. C'est dans ce décor ô combien aristocratique – « il n'y eut dans Copenhague aucune maison mieux réglée que celle des Canutson » – que la noble épouse s'évertue à perfectionner l'éducation mondaine de son roturier de mari :

> Rassurez-vous, Monsieur, reprit Zénoïde, celui que j'ai aimé et estimé avec tous ses petits défauts est certain d'être aimé et estimé de tout le monde, dès qu'il n'aura plus que ses vertus et ses excellentes qualités. Travaillez, cher Candide, à accommoder les unes et les autres au goût du monde où vous vous trouvez maintenant, et je vous réponds de votre fortune.

Le but avoué du programme est, à coup sûr, de rendre Candide digne d'être présenté à la cour. On prévoit, en effet, qu'une fois nanti d'une éducation mondaine suffisante, le « sieur Canutson » ne tardera plus de briller au sein d'une compagnie distinguée. Aussi ses talents solides attireront-ils la faveur du roi. C'est pourquoi dans les chapitres 20-25 Zenoïde redouble d'efforts pour « cultiver » le jeune Westphalien. Grâce à ses leçons assidues, notre rustaud aura vite fait d'apprendre l'essentiel.

---

[19] Mornet (1922), p. 301.
[20] C. Thacker, « Son of Candide », *SVEC*, 58 (1967), p. 1515-31.
[21] Rustin (1972), p. 1414.

Il s'agit donc (dans les chapitres 20-24 surtout) d'un parcours de la vie et intime et mondaine des « honnêtes gens » au siècle des Lumières. La toilette, l'hygiène, les repas, l'emploi du temps, les rapports avec un nombreux domestique, les amitiés, l'érudition... tout devient objet de réflexions vertueuses! On croirait presque à une récriture de *L'Honnête Homme ou l'art de plaire à la Cour* (1630) de Nicolas Faret. D'un point de vue d'histoire sociale, notons les passages où il est question des nobles plaisirs du nouveau Candide : le café à la crème, le tabac, le narguilé et les eaux de senteur...

Quant à Zénoïde, cette épouse prévoyante et sage se targue non seulement de rééduquer son mari, mais, chemin faisant, de faire une leçon de goût et de raffinement à la bonne société danoise. Son goût extrême pour l'élégance ainsi que sa délicatesse à table sont à coup sûr d'inspiration française :

> Madame Canutson avait banni de son petit cérémonial familier le fastueux et maussade usage de *grenouiller* en public par excès de propreté, et de vouloir avoir la bouche nette au risque de faire rendre gorge à ses voisins.

Il en résulte l'image tant soit peu guindée d'une société polie, réglée, mais jouissant d'une parfaite sérénité.

Appuyé par une femme dévouée, notre héros en vient à incarner des qualités admirables : la maîtrise de soi, l'ouverture d'esprit, le sens de la mesure, la capacité de s'adapter à la société et d'y briller par la conversation, sans pédanterie. Sevré des mauvaises influences de Pangloss, Candide, devenu « honnête homme » apprend à se montrer tolérant. Il ne choque, ni ennuie. En même temps, il finit par posséder une culture générale supérieure permettant de deviser avec tous. Aptitude qu'on remarque notamment lors de ses entretiens avec les deux personnages pessimistes mentionnés plus haut (Jean-Jacques et Martin) où notre héros fait preuve de lucidité et de compassion (« c'est l'esprit de finesse ») sur les faiblesses humaines.

Candide en Dannemarc 13

Cela n'est pas très original, mais c'est éminemment français.

Enfin, d'un point de vue thématique, cette formation mondaine véhicule d'importantes leçons sur le gouvernement des peuples sous la monarchie éclairée. Aux arguments rousseauistes donc – « je fronde tous [les gouvernements] qui existent, et que je ne passe aux chefs aucune sottise » – notre roman oppose l'image d'une ambition vertueuse, engagée dans les affaires publiques, pour le bien des sujets de Sa Majesté danoise.

Avant goût du roman gothique

Or, avant d'en arriver à ce point notre roman propose une séquence narrative (chapitres 1–10) d'une tonalité mélodramatique en rupture avec le milieu « réglé » et bienséant qu'on vient de décrire.

Rappelons qu'au début de *Candide en Dannemarc*, Candide et Zénoïde sont prisonniers du seigneur Volhall. Ce personnage odieux fait irruption au chapitre 15 de *Candide, seconde partie* et se présente sous les traits d'un vandale impie et barbare. Pour comble de malheur, c'est l'oncle (et le persécuteur) de Zenoïde. Sa mort au chapitre 20 de *Candide II* – « ce barbare ne fut regretté de personne » – est donc un ressort indispensable à la conclusion heureuse du conte : le mariage de Candide et Zénoïde.

Comme nous l'avons déjà dit, *Candide en Dannemarc* résilie ce dénouement optimiste et ce, pour des motifs tant thématiques que structuraux. Dans les premiers chapitres du roman, le méchant Volhall, tout comme un personnage du roman de Voltaire, est ressuscité, ce qui permet, si l'on aborde le roman à rebours, d'opposer le portait de l'aristocrate idéal « ami du peuple » à la rapacité de l'ancienne noblesse féodale. À cette fin, on procède dès lors à la mise en place d'un segment narratif dominé par la présence du tyrannique Volhal, antithèse du gentilhomme « civilisé », serviteur du peuple et de son roi.

Au chapitre 8, par exemple, le récit de ses cruautés barbares à la tête d'un régiment chargé de rétablir l'ordre dans une province en révolte, vise très nettement l'opinion d'une classe gouvernante formée par les idées « Lumières » :

> La première [opération] fut de faire pendre sans miséricorde une centaine de rebelles, hommes et femmes enlevés pendant la nuit dans leur village, qui avait été pillé puis brûlé par les troupes légères. Ces misérables avaient fait le chemin jusqu'au camp attachés à la queue des chevaux. Ils avaient déjà souffert plusieurs morts avant que de mourir.

Le même jeu d'opposition explique, dans les chapitres 1-4, les peines qu'essuie Candide et justifient les commentaires et réflexions qu'il émet sur la destinée humaine (chapitre 2).

Le sort réservé à Zénoïde est cependant plus intriguant et mérite, d'un point de vue d'histoire littéraire, une explication plus développée. Nous croyons reconnaître dans les chapitres 5 et 6 l'un des motifs permanents du roman gothique émergeant : celui de la noble captive persécutée par un cruel tyran.

La critique fait remonter la vogue du roman gothique à un aristocrate anglais, excentrique, érudit, et passionné pour l'architecture médiévale. *The Castle of Otranto: A Gothic Story* de Horace Walpole (1717-1797) parut en 1764 et fut traduit en français trois ans plus tard (l'année même où parut *Candide en Dannemarc*) sous le titre du *Château d'Otrante*. On prétend que ce bref récit est à l'origine d'un genre qui aura de nombreux descendants qu'on reconnaît à des motifs décoratifs et psychologiques bien déterminés.

Comme l'indique son nom, le nouveau genre entretient des liens fort étroits avec l'époque médiévale. Il privilégie le dépaysement fantastique, onirique même, ainsi qu'un espace et un décor cloisonnés (châteaux aux couloirs sombres, dédales, abbayes, cryptes, cachots). On y rencontre des personnages terrifiants qui se plient à des actes de cruauté morbides teintés, si tant est, d'érotisme. Si, à partir de Rousseau, le « moi » devient le sujet par excellence de la création littérature, le roman gothique est le premier genre à avoir cerné pour le dépeindre, l'irrationnel, voire le subconscient.

Pour être paradoxale, notre lecture des chapitres 1-15 révèle que *Candide en Dannemarc* véhicule l'une des toutes premières manifestations de la sensibilité « gothique » en France. La technique d'une nouvelle esthétique n'est pas encore maîtrisée. Face à des situations atroces, par exemple, nos personnages ont des réactions dignes de pantins retenus par des ficelles narratives. Mais elle n'en est pas moins perçue et valorisée.

Considérons d'abord la figure de la « belle prisonnière » (Zénoïde), persécutée par un barbare cruel dans un « château » au fond de la Norvège. Il ne s'agit plus du décor italien, cher à Walpole. Une velléité de dépaysement romantique est néanmoins sensible dans la description du château et de sa tour en ruines (hantée de hiboux) où une vieille « plus laide encore que la fille du Pape Urbain » insulte à la misère de sa malheureuse captive. S'y joint le sadisme cruel, car, on le devine, la belle Zénoïde est en butte aux « sales désirs » de son oncle. Comme toute héroïne digne de ce nom, elle trouve pourtant le moyen d'y résister, et sa vertu ne s'en affirme que mieux.

Il ne manque, enfin, à ce scénario émouvant que l'arrivée inespérée du libérateur noble « équitable, généreux, bienfaisant ». Or, tandis que Candide se morfond dans les prisons danoises aux côtés du fidèle Cacambo, le seigneur Warth-Adelich arrive secourir la noble captive et la rétablit dans ses droits :

> Je vais vous éloigner de ce hideux château qui vous rappellerait trop vivement vos peines. Vous trouverez dans ma maison une amie empressée à vous les faire oublier. Peut-être que le temps nous donnera des moyens de les faire finir.

Plus loin Warth-Adelich et sa femme remplissent une autre fonction essentielle en servant d'intermédiaire à la percée de Candide au sein du grand monde. Ils protègent le jeune couple et leur pourvoient d'un modèle d'harmonie domestique à imiter. Enfin, à la conclusion du roman, suite à une assez longue absence de la part de Candide, parti en tournée d'inspection en Norvège (chapitre 33), Zénoïde se laisse séduire par « les élégantes politesses, les délicates prévenances, les caresses flatteuses » de la société mondaine de Copenhague. De retour chez lui, Candide se désole de tant de futilité. C'est alors que, de la manière la plus discrète imaginable, le seigneur Warth-Adelich et sa femme appuient Candide dans son désir de rétablir chez lui l'ordre et la paix. Juste retour des choses. La belle Zénoïde se fait admonester à son tour et tout est « au mieux » dans le royaume du Dannemarc.

Le pittoresque : documentation historique

Le roman au dix-huitième ne fait pas la part belle à la couleur locale et, malgré son décor exotique pour l'époque, *Candide en Dannemarc* n'est pas une exception à la règle. Le roman a beau être situé au Danemark et en Norvège, on n'a nul souci d'y en décrire paysages et villes. La Norvège est un pays de « forêts ». Sans plus. Quant au climat nordique, même s'il mentionne les « fourneaux à la tourbe » et les « chauffe-pieds », notre romancier se contente de représenter une scène d'hiver comme s'il décrivait un tableau de Boucher :

> Enveloppé dans une fine fourrure de Sibérie, à demi couché sur d'épais coussins dans un traîneau matelassé d'ouate [...], il se fit voler à travers les neiges et les glaces avec une intrépidité dont les gazettes firent la plus honorable mention.

Pour ce qui relève de la description visuelle, on est, cela étant le cas, témoin d'une succession d'intérieurs à la française comme on en trouvait à l'époque d'un bout à l'autre de l'Europe : « on se *binait* pour la suivre à travers une enfilade de vastes appartements terminée par un grand cabinet orné à la turque, lambrissé à la chinoise, et meublé dans le dernier goût de Paris ».

Quant aux mœurs, nous avons déjà fait valoir que *Candide en Dannemarc* présente un portrait idéalisé de l'aristocratie danoise pénétrée de culture française, relevée, dans le cas de Candide, de rites orientaux : « Candide avait contracté en Turquie et en Perse l'habitude de la pipe, prenait du café à la crème en pompant à la turque et à la persane, au moyen d'un long tube de porcelaine, la fumée du tabac filtrée et flottante à travers un vase rempli des eaux de senteur. » C'est aussi en Perse que Candide aurait appris une anecdote singulière rapportée au chapitre 4 au cours d'une longue parenthèse sur la justice et la peine capitale.

Il s'agit d'une description, sans arrière pensée érotique apparemment, de l'asphyxophilie (ou hypoxyphilie) autrement dit, l'obtention de l'excitation sexuelle par privation d'oxygène. Selon les savants orientaux, la pendaison est « la mort la plus douce ». Car :

> [...] la subite affluence du sang aux extrémités produit le plus délicieux chatouillement à la plante des pieds, qu'enfin les moments qui précèdent l'entière suffocation sont des moments de plaisir que le voluptueux qui en aurait l'idée envierait aux suppliciés.

L'anecdote est fascinante dans la mesure où, d'après nos recherches, aucun texte littéraire contemporain n'en parle dans des termes aussi explicites.

Jacques Rustin prétend que *Candide en Dannemarc* offre « l'image que les Français pouvaient se faire du Danemark et de la Norvège avant les réformes du ministre philosophe Struensee ».[22] On se demande ce qui justifie un tel jugement. La satire sociale affleurant dans les chapitres 24–25 (*Ce que monsieur Canutson vit dans l'antichambre*

---

[22] Ibid., p. 1415.

du premier ministre) n'a rien de particulièrement danois. Nulle allusion, par exemple, à l'actualité politique ou culturelle de ce pays. D'ailleurs les quelques mots ou noms propres « danois » dans le texte sont, en définitif, des formations allemandes (LaFreulen (demoiselle) Von-Erfahrenheit ; Gottlib)

Il y a cependant le récit des aventures de Martin au chapitre 32 (*Aventures de Martin depuis le départ de Candide du jardin de Propontide*) calqué sur expédition de l'explorateur allemand Carsten Niebuhr (1733–1815).

En 1760 Frédéric V de Danemark organisa un voyage scientifique fatal, destiné au Levant. Arrivée à Alexandrie en 1761, l'expédition remonta le Nil et alla à Suez. De là, elle fit le détour au Mont Sinaï. En octobre 1762, l'équipée quitta Suez pour Djeddah, voyageant ensuite par route jusqu'à Mocca au Yémen. C'est là mourut le philologue Frederick von Haven. Peu après mourut le naturaliste Pehr Forsskål. Les membres restants visitèrent ensuite Sanaa, mais souffrirent tant du climat qu'ils retournèrent à Mocca, avant de partir pour Bombay. À la longue, tous y périrent à l'exception de Carsten Niebuhr, qui rentra à Copenhague en octobre 1767, année où parut notre texte. Muni des documents scientifiques de ses co-expéditionnaires, Niebuhr publia quatre volumes intitulés : *Beschreibung von Arabien* (1772) et *Reisebeschreibung von Arabien und anderen umliegenden Ländern* (1774–1778).

Notre auteur dut apprendre l'essentiel sur ce voyage dans les gazettes du temps. Ainsi il fait dire à Martin : « ils m'apprirent qu'ils étaient envoyés par le roi de Dannemarc en Egypte et en Arabie, pour y recueillir tout ce qu'ils jugeraient utile aux sciences et surtout à la médecine ». Dans le contexte présent, Martin se joint à l'expédition à Constantinople où il se fait le compagnon traducteur d'un savant qui « meurt en Arabie ». C'est alors que Martin se voit confier d'importants documents scientifiques qu'il s'empresse de livrer à la bibliothèque royale de Copenhague. Pour ses peines et son dévouement, on le récompense de la charge de bibliothécaire du roi.

Langue et style :

L'auteur de Candide en Dannemarc manie la langue avec compétence, sinon aisance, mais, comme beaucoup d'auteurs mineurs, il ne maîtrise pas le français au degré suprême. C'est dire que les fautes de français n'y sont pas particulièrement nombreuses et se limitent, pour l'essentiel, à l'accord du participe passé, ou à la concordance des temps des verbes. Dans les deux cas, de même que pour les fautes d'impression, nous indiquons nos corrections entre crochets. Comme il n'existe aucune distinction au XVIIIe siècle entre « plutôt » et « plus tôt » nous avons cru bon de noter l'usage correct, d'après le contexte, entre crochets. Par ailleurs, il arrive, dans des cas assez flagrants, que notre auteur confonde le sens d'un mot, ou qu'il emploie un mot mal à propos : nous indiquons la correction tout en conservant l'erreur.

Quant au texte même, un certain nombre de remarques s'imposent. *Candide en Dannemarc* se lit sans difficulté, en dépit d'une évidente gaucherie de style. On notera cependant, que l'auteur mélange les niveaux de langue et que, plus intéressant pour nous, son texte est émaillé de provincialismes (la plupart des dialectes du nord), de proverbes, ainsi que de certains archaïsmes que nous tentons d'élucider dans les notes. Signalons, par-là même, aussi un assez grand nombre de termes relevant de la jurisprudence (en non, par exemple, de la théologie) suggérant que notre auteur était juriste. Enfin, les allusions aux lettres classiques ainsi qu'à l'histoire sont assez rares pour l'époque, et parfois inexactes, témoignant de la relative pauvreté de sa culture livresque.

Thèses d'attribution : Thorel de Campigneulles (1737–1809) :

Il n'y a, en réalité, qu'une thèse d'attribution de *Candide en Dannemarc*. Jacques Rustin y voit la main de Charles-Claude-Florent de Thorel de Campigneulles auteur qui s'est vu attribuer faussement (et perfidement) *Candide, seconde partie*. « Une chose, écrit-il, attire l'attention du diligent lecteur : s'il est absolument impossible [...] que Thorel de Campigneulles ait écrit la *Seconde partie* de *Candide*, il est au contraire évident qu'il aurait fort bien pu signer *Candide en Dannemarc* » (Rustin : 1414).

On se rappelle que Grimm, porte-parole de Voltaire, écrivait que Campigneulles : « bel esprit fort obscur vient de donner une *Suite de Candide*, roman de M. de Voltaire [...] ».[23] Piqué au vif, Campigneulles ne tarda pas à publier un démenti formel où, un peu malgré lui, il fait valoir sa vocation de romancier de la vertu : « ayant appris, Monsieur, que plusieurs personnes tant à Paris qu'en province, m'attribuaient un livre nouveau, intitulé : *Candide, seconde partie*, j'ai cru devoir désavouer cet ouvrage de manière la plus précise, la plus propre à me concilier la bienveillance des gens vertueux que j'honore ».[24]

Or, il n'est pas inconcevable, qu'après s'être vu attribuer un livre « dont il désapprouve la licence », Campigneulles a tout bonnement décidé « d'ajouter un troisième tome au Candide de Voltaire, pour y développer, en opposition au libertinage de Du Laurens, ses théories sociales, morales, politiques et économiques ».[25]

Il est vrai, par exemple, qu'on retrouve dans *Candide en Dannemarc* « le style plat et laborieux, la pensée conformiste et banale, la prétention à la satire moralisatrice qui caractérisent l'auteur de *Cléon* (1756), *Du temps per-*

---

[23] Grimm, *Correspondance littéraire* (Tourneux et Paris : Garnier, 1877–1882), IV, p. 400.
[24] *Le Mercure* (juillet 1761), I, p. 99–101.
[25] Rustin (1972), p. 1415.

du (1766), des *Anecdotes morales sur la fatuité* (1760), du *Nouvel Abailard* (1763), des *Nouveaux Essais* (1765) et des *Dialogues moraux* (1768). ».[26] De même il est facile de repérer, d'un livre à l'autre, le même réseau de clichés moraux : la vertu au service de la bienfaisance, la religion bien comprise, la critique de la frivolité de la vie mondaine... À preuve ces citations *d'Ismael Couloski* (1765),[27] conte oriental à la manière de Voltaire, inspiré de *Candide, seconde partie* :

> Il n'y a pas de mal physique sur la terre. Le sage ne se laisse point abattre par la douleur, ni transporter par la joie. (p. 25)

> Ne vous étonnez de rien, ou étonnez-vous de tout. (p. 26)

> Vous ne feriez pas mal de chercher un ami ; cette découverte est la consommation du grand œuvre en morale, surtout, mon fils, soyez discret, sobre et tempérant. (p. 27)

Ainsi dans sa *Lettre à M. Desprez de Boissy* dans le même volume, Campigneulles explique son aversion pour la philosophie rousseauiste :

> [...] l'essentiel est d'avoir raison : j'aimerais mieux une démonstration dans le style des Halles qu'un sophisme de Jean-Jacques Rousseau. (p. 49)

Enfin, toujours dans le même volume sous la rubrique *Réflexions diverses*, Campigneulles fait le portrait de la société des « honnêtes gens » mise à l'épreuve par une sensualité de par trop affichée :

> En effet, comme par une valeur fausse et déplacée, nous perdons bien d'honnêtes gens dans le sein de la paix, de même dans une société douce et tranquille, où les sens pensent être en sûreté ; il arrive quelque fois qu'une gorge

---

[26] Ibid., p. 1414.
[27] Publié dans Thorel de Campigneulles, *Nouveaux Essais* (Genève et Lyon, 1765).

d'albâtre [...] fait perdre aux plus indifférents le repos précieux dont ils jouissaient (p.153).

On croira à un précepte de Madame Verdurin ! Comme quoi le clan des « ennuyeux » existait bien avant Proust.

Établissement du texte

La présente édition de *Candide en Dannemarc* suit le texte de 1767 (236 pages), les variantes de l'édition de 1769 (209 pages) étant présentées en bas de page (†). Pour plus de clarté nous avons pris le parti de corriger les fautes de langue indiquant nos corrections entre crochets. Le même souci de clarté nous a décidés de normaliser l'orthographe, à commencer par les noms propres. Aussi avons-nous voulu suivre les leçons de l'édition moderne en ce qui a trait à la ponctuation. Les points virgules sont le plus souvent remplacés par un point, et nous introduisons des tirets pour les parties dialoguées.

Candide en Dannemarc : argument (d'après Jacques Rustin)

Candide en Dannemarc a paru en 1767 et continue directement *Candide, Seconde partie* de 1760, mais sans tenir compte du chapitre XX qui servait de dénouement heureux. Candide n'a pas encore épousé sa chère Zénoïde, et il gémit dans les prisons danoises, en butte à la haine du seigneur Volhall ; heureusement ce dernier meurt victime de sa folie sanguinaire, et le héros, libéré de ses fers, peut enfin se marier solennellement avec l'élue de son cœur, après qu'un habile généalogiste lui a attribué, avec le nom de Canutson, une longue lignée d'ancêtres prestigieux (Chapitres 1–15). S'ensuit une longue description de la vie menée par les deux époux dans le somptueux château (Chapitres 16–20) ; puis Candide exerce avec infiniment de sagesse et d'humanité les fonctions de Chambellan Honoraire de Sa Majesté et de son Conseiller actuel Intime aux Conseils du Commerce, des Domaines et des Finances (Chapitres 21-26). Deux rencontres singulières se suivent dans les Chapitres 26-32 : le philosophe Martin et le philosophe Jean-Jacques. Une péripétie inattendue vient rompre cette monotone harmonie : alors que son mari est en voyage d'inspection à travers la Norvège, Zénoïde se laisse tenter par « les caresses flatteuses » de la vie mondaine. Bien entendu le retour du sage Candide arrange aussitôt les choses et rétablit pour toujours l'ordre et la paix dans la maison Canutson.

Candide en Dannemarc
ou l'optimisme
des honnêtes gens

« *Paulo graviora canamus* » (1)

Doct. Ralph

À Genève

MDCC LXVII

édition préparée par
Édouard Langille

notes, commentaires et dossier critique par
Édouard Langille

Le traducteur à qui il appartiendra, Salut.

Le second tome de la merveilleuse histoire de Candide a fait redoubler les clameurs contre le Docteur Ralph. (2) Cet admirable savant s'en défend et s'en venge en publiant un troisième tome. Voilà bien un docteur marqué au bon coin. (3) Ô vénérable opiniâtreté, la divinité des vieilles écoles, vous subjuguerez tôt ou tard les adversaires de l'infatigable Ralph ! Déjà j'imagine l'Europe, que les lettres écrites de la campagne, de la montagne (4) et de la ville, assurent partagée aujourd'hui entre le pessimisme de Jean-Jacques (5) et l'optimisme de maître Pangloss (6) je l'imagine réunie avant peu sur le philosophe allemand, regretter d'avoir balancé si longtemps entre les rêveries du pédagogue d'Émile et les expériences de Candide.

Le Docteur Ralph passionné comme de raison pour la gloire de l'Allemagne sa patrie, paraît déterminé à ne quitter son héros, que quand son héros manquera lui-même à l'histoire et à l'univers. Je sais de bonne part qu'en cela il compte rendre un grand service au public, et contribuer beaucoup à l'instruction générale. Quel que soit le respect d'un traducteur pour son original, j'attends le mien à la preuve pour l'en croire. Une foule de docteurs sans aveu m'a tellement battu les oreilles de cette pédagogie gratuite, que je n'y ai plus de foi. Cependant les journalistes, croyables autant que les journalistes peuvent l'être, ont conjecturé qu'il ne serait pas impossible que M. Ralph ayant commencé par faire rire, il n'eût pris le meilleur des chemins pour instruire. Quoi qu'il en soit, il a juré d'aller jusqu'au douzième tome, plutôt que d'avoir le dernier (7) avec ses ennemis ; et on peut faire fond sur son serment. (8)

Tout le monde convient que l'illustre traducteur a fait dire en français de fort jolies choses au vénérable Allemand dans ses deux premiers tomes. Mais tout le monde est à peu près également fâché qu'il n'ait pas été plus décent dans ses images et dans ses expressions que le jeune Westphalien dans ses aventures. J'aurais mauvaise grâce à dénigrer mon illustre prédécesseur. Je suis d'opinion que ce grand homme s'est piqué d'être historien fidèle, et que libertin avec son héros dans l'âge du libertinage, il aurait été circonspect avec lui dans l'âge mûr. Car la saison de la judiciaire **(9)** succède au règne de l'imaginative, dans la vie des hommes extraordinaires comme dans la vie des plus obscurs citoyens. L'âge dont l'influence est presque inévitable pour les plus stupides, ne pouvait pas rater l'aimable Candide, à qui la chronique donne le précieux éloge d'avoir uni un jugement droit au cœur le plus simple, à l'esprit le plus docile, au caractère le plus doux ; il fallait bien que l'expérience perfectionnât la raison dans un sujet aussi heureusement disposé. **(10)**

La fortune mit fin à la vie vagabonde du héros de la Westphalie, en le faisant riche et puissant seigneur, mari d'une femme accomplie, et père des plus beaux enfants du monde. **(11)** Quand un homme d'esprit en est venu là, il n'a plus la rage d'aller chercher au loin les aventures. S'il voyage encore, c'est sur les grandes routes, en belle et bonne chaise de poste, avec ses gîtes bien assurés, et une suite capable de le tirer des mauvaises rencontres.

Le noble Canutson **(12)** est toujours marqué au coin de l'aimable Candide. **(13)** Mais il est désormais un fils de famille rendu à la société après des égarements, dont il ne serait pas content que d'autres lui eussent les mémoires. Ayant enfin reçu un état fixe, il en prend l'esprit, il tâche d'en acquérir les qualités et les talents ; peut-être dans cette marche compassée **(14)** notre héros ne plaira pas moins que dans les bonds et les sauts, qui lui ont fait rire les plus graves lecteurs des deux premiers tomes.

Vous en jugerez en dernier ressort, ami lecteur, suivant vos lumières ou votre fantaisie : les tyrans de Trévoux sont morts. **(15)** Les anti-philosophes rassasiés de victimes dorment à Liège sur le tombeau de l'auteur *De la Nature* **(16)** qu'ils y ont pieusement assassiné. Le bon Jean-Jacques devenu brouillon **(17)** et séditieux par amour pour le genre humain, a bien d'autres affaires en tête que le commerce des libraires de Genève. Enfin la liberté est ressuscitée dans la république des lettres, pour quiconque sait laisser les parlements et le clergé se battre à leur aise ; et je vous garantis que le docteur Ralph n'a rien à démêler avec ces dépositaires des lois divines et humaines.

Candide en Danemark

CHAPITRE PREMIER

*Comment Cacambo obtient la permission
d'entretenir Candide en sa prison.*

Le fidèle Cacambo avait suivi de près le révérend père colonel **(18)** qui marchait au pas des chevaux, autant pour leur commodité que pour celle de sa noble sœur. **(19)** Il arriva à la barrière environ une heure après que le fier couple s'en fut éloigné. Ayant aperçu le cheval de Candide attaché à un piquet, il soupçonna quelque désastre. Il prit langue **(20)** et il sut bientôt ce qui venait de se passer. Il ne déchira point ses habits. Il ne s'arracha point les cheveux, ces témoignages d'une affliction extrême n'étant plus à la mode en son temps. Mais il n'en fut pas moins pénétré de la plus vive douleur. L'amitié fut le sentiment qui prit le dessus. Il courut se jeter aux pieds du prévôt, qu'il n'eut pas de peine à reconnaître pour le maître de tout ce qui l'environnait.
– Seigneur, lui dit-il, en embrassant ses genoux, ayez pitié de deux infortunés. Je suis le fidèle domestique du gentilhomme que vous venez de mettre en prison, sans doute pour de bonnes raisons. Il est bien le mortel le plus doux et le plus honnête qui soit sur la terre. S'il fait des sottises quelquefois, c'est toujours à bonne intention. Je lui ai juré un attachement inviolable. J'aimerais mieux mourir avec lui que vivre loin de lui. Enfermez-nous ensemble, je vous en conjure. Peut-être sera-t-il un jour en état de récompenser votre générosité. Sa disgrâce vient de l'amour, et l'amour a tant de ressources pour tirer ses favoris des embarras où il les jette !

Le prévôt n'interrompit pas le suppliant, il l'avait considéré avec attention, et à l'étonnement de tous ses gens, il avait souri plus d'une fois en écoutant sa courte harangue.

— Lève-toi, dit-il au triste Cacambo. Un mortel de ta couleur est certain de ne manquer jamais de maître. Le pain du roi se donne volontiers à tes pareils. Mais ce n'est pas le pain que Sa Majesté accorde aux prisons. **(21)** Contente ton affection. Je te permets de tenir compagnie au prisonnier jusqu'à ce soir. Ce sont trois heures. Tu aurais bien des choses à lui dire, si pendant ce temps-là tu ne pouvais pas lui dire tout.

Aussitôt il ordonna que deux fusiliers conduisissent le fidèle métis à la prison. Parbleu ! se dit-il, la journée est bonne. Voilà un pendard qui sera un timbalier **(22)** de la meilleure mine. J'en tirerai au moins cent ducats. **(23)** Le cheval vaut cinquante comme un sol. **(24)** Je ferai partir demain les deux animaux pour l'armée.

CHAPITRE DEUXIÈME

Entretien fort raisonnable des deux malheureux.

Les noms ne sont rien aux choses, a dit fort savamment un grand homme de ce siècle. On appelait la salle basse du corps de garde l'endroit où Candide avait été enfermé. Au vrai, c'était un cachot de neuf à dix pieds en quarté[†] **(25)** où le jour ne perçait que par une meurtrière large de cinq à six pouces. L'infortuné Candide était dans un coin sur quelques poignées de vieille paille, pieds et poings pris dans des ceps **(26)** et attaché par une large ceinture de fer à un anneau scellé dans le mur.

Le fidèle Cacambo fut touché jusqu'aux larmes. Il se précipita sur son malheureux ami, le serra dans ses bras, et mouilla son visage de ses pleurs, sans pouvoir proférer une parole. Après l'effusion de la plus tendre compassion, il se reprocha d'avoir peut-être attristé un malheureux dont il devait au contraire fortifier le courage. Candide qui le devina aux premiers mots lui dit.

---

† en quarré

Candide en Dannemarc 33

– Ne crains point que je sois faible, mon cher Cacambo. Sans m'amuser à des lamentations qui ne feraient que m'abattre, je cherche dans ma raison et dans la philosophie de Pangloss tout ce qui peut opérer ma résignation à un mal auquel je ne vois pas de remède.
– Laissez là, répondit Cacambo, les rêveries de Pangloss, et tenez-vous en à votre raison.
– Ah ! s'écria douloureusement Candide, qu'elle est faible contre d'aussi grands maux que les miens ! Il s'agit de mourir mon ami.
– Eh bien, dit le courageux valet, voilà tout. Qu'est devenue cette fermeté anglaise ou romaine que j'ai eu tant de peine à réduire ? **(27)**
– On dispose gaîment de sa vie quand on en est le maître, répondit le prisonnier, mais on a bien de la peine à l'abandonner à un ennemi.
– Distinction de philosophie, mon cher maître. Pourquoi perdre de vue le point capital pour vous fixer sur des incidents ? Mourir par ignorance ou la témérité d'un médecin, mourir par les coups que nous nous portons nous-mêmes ou par ceux que nous portent nos ennemis, c'est toujours mourir. Toute la question est de savoir si mourir est un si grand mal. **(28)** Pour moi, je vis sans me soucier de vivre, et je n'ai jamais pu me mettre dans la tête que la vie fût un bien.
– Que dis-tu cher Cacambo ? Quel plus grand bien que de vivre avec Zénoïde au milieu des bois de Norvège ? D'être aimé d'elle dans l'un des plus beaux hôtels de Copenhague ?
– Eh ! mon cher maître, encore un coup, si vous voulez fortifier votre courage à l'aide votre raison, fixez-vous sur votre état présent. Ce n'est pas à la belle Zénoïde que Volhall **(29)** vous arrache. Échappé au prévôt danois, vous regagniez la Westphalie avec la noble Cunégonde et l'orgueilleux mortel qui a l'honneur d'être né Baron de Thunder-ten-Tronckh. **(30)** Vous défierez-vous de votre bonne fortune quand vous tiendrez pour certain que vous auriez eu peu de contentement ?

– Tu as raison, mon ami, répondit Candide. Avec une femme fière, jalouse, et laide et un beau-frère jésuite, j'aurais été trop heureux de ne pas devenir fou.

– Partez de là, reprit le judicieux métis, et supposé que le ciel vous eût accordé de végéter trente ou quarante ans dans les masures du plus beau des châteaux en mangeant du porc et des pommes de terre. (31) Pareille vie mérite-t-elle d'être regrettée ?

– Ta réflexion, cher Cacambo, m'en fait naître une autre encore plus consolante. Je suis âgé de trente ans. Il y en a à peu près quatorze que je reçus derrière un paravent le délicieux baiser qui me fit pour la première fois le plaisir d'être homme. (32) Depuis ce temps là j'ai eu du bien et du mal, je n'en ferai point de bilan. Soit pour l'honneur de mon cher maître Pangloss que la mesure et le partage aient été au mieux. Or que sont aujourd'hui pour moi ces quatorze années telles quelles ? Rien. Eussent-elles été toutes de plaisir, ce serait la même chose. En supposant avec toi que sans le prévôt danois, le ciel m'en eût accordé vingt à trente autres pareilles, je me dis qu'étant une fois écoulées, elles ne seraient rien de plus réel pour moi que les quatorze dont il ne me reste que le souvenir. Il faudrait pourtant me résoudre à cesser de vivre, j'en serais précisément où j'en suis aujourd'hui. Tu as raison, mourir n'est rien, mais mourir d'un supplice honteux, être compté entre les criminels infâmes, tandis qu'il n'entra jamais dans mon cœur d'autres sentiments que ceux de bienfaisance et d'humanité, je ne puis soutenir cette horrible idée.

CHAPITRE TROISIÈME

Éclaircissement du plus grand principe
de morale par deux ignorants qui ont du bon sens.

Les notions que Candide avait reçues de l'honneur dans le château de Thunder-ten-Tronckh s'étant renouvelées en ce moment, il parut dans la plus grande agitation, à laquelle succéda un profond abattement. Ses joues furent mouillées de ses larmes. Cacambo étonné d'une pareille révolution était muet, et laissait voir son embarras dans ses regards. Tout à coup Candide reprit avec tranquillité.

— Mon ami Martin (33) raisonnait, et quoique trop laconique à mon avis, il raisonnait souvent fort juste. J'aimerais à croire avec lui que comme le vice et la vertu ne doivent pas dépendre de l'opinion des hommes, l'homme vertueux ne doit pas attacher sa récompense à cette opinion. Ma conscience me rend le témoignage qu'en aimant la tendre Zénoïde je n'ai point fait un crime. Non, quoi qu'en puisse dire le seigneur Volhall, je ne suis point criminel.

Il s'arrêta là comme effrayé de la hardiesse de sa conclusion. Cacambo qui avait eu le temps de se remettre, ne lui donna pas celui de justifier par le raisonnement, le témoignage de sa conscience.

— Se persuader qu'on est innocent, c'est, dit-il, un mauvais moyen pour s'aider à digérer une injustice. Il vaudrait bien mieux réussir à se trouver coupable. Alors on se soumet à son sort par conviction de l'avoir mérité. Vous n'aviez reçu qu'un baiser de Cunégonde derrière le paravent, et vous payâtes ce baiser d'un bannissement perpétuel, aggravé de vingt coups de pied au cul. Monseigneur le baron votre bienfaiteur n'était point un Volhall. Il vous punit d'avoir reçu ce baiser. On est donc punissable de recevoir un baiser d'une fille de qualité belle, jeune et tendre, quand on n'est pas aussi noble qu'elle. Or vous avez reçu de Zénoïde plus qu'un baiser. (34) La nièce du seigneur Volhall n'est pas d'une moindre qualité que la fille du baron de Thunder-Ten-Tronckh. Elle est plus belle et plus tendre, et votre naissance ne vaut pas mieux aujourd'hui qu'il y a quatorze ans. Comment donc pouvez-vous vous croire innocent ?

Le disciple de Pangloss fut frappé de l'air de vérité de ce raisonnement. Mais comme il avait l'esprit naturellement fort juste, un moment de réflexion lui fit apercevoir le défaut.

— Je ne pense pas comme toi, dit-il à son fidèle Cacambo, que l'innocence soit un fardeau pour un homme opprimé. Je tomberais dans le découragement, si je doutais de la mienne.

Cunégonde était mineure, sous le pouvoir d'un père qui était mon bienfaiteur à toutes sortes de titres, et, à qui je devais un respect inviolable. Ce ne fut pas de mon amour pour sa fille, mais bien de mon ingratitude envers lui, que monseigneur le baron me punit. Il me fit grâce en ne me livrant pas à son baliff (35) qui m'aurait pu faire pendre sans miséricorde. Mais Zénoïde était libre et maîtresse d'elle-même. J'étais le seul homme pour elle dans l'univers. Ses infortunés parents m'imposèrent l'obligation de l'aimer, de la protéger, de la servir, de contribuer autant qu'il serait en moi à la rendre heureuse. Et elle a trouvé son bonheur à faire le mien. Volhall est son tyran, à qui d'ailleurs je ne dois rien, qui ignore également et que je ne sois né gentilhomme, et que j'aie été favori d'un puissant monarque, vice-roi d'une grande province, possesseur de plus grands trésors que ceux de tous les souverains de l'Europe ensemble. (36) Il se tient offensé de mon amour de sa nièce et de l'amour de sa nièce pour moi. Tant pis pour lui ! Est-ce que je dois plus d'égards à sa satisfaction qu'à celle de Zénoïde et à la mienne ?
– Eh ! mon cher maître, interrompt Cacambo, est-ce que vous oubliez que la loi naturelle et la loi divine vous défendent de faire à autrui ce que vous ne voudriez pas qui fût fait à vous-même ?
– Non, reprit gravement le prisonnier, je n'oublierai jamais ce premier principe de l'humanité et de la société gravé dans nos cœurs. Mais je me connais. Si j'avais une nièce, je ne la gênerais point dans ses amours. Voudrais-tu donc que pour me juger avec équité dans ma cause, j'adoptasse les travers et les préjugés du cruel Volhall ? Cette méthode ne renverserait-elle pas tout l'ordre des sociétés ? En se disant que si on avait le malheur d'être l'homme injuste, l'oppresseur, le ravisseur, le meurtrier, on voudrait bien n'être pas poursuivi. On laisserait tous les scélérats jouir tranquillement du fruit de leurs crimes. Je veux que si j'avais la façon de penser du barbare Volhall, je trouvasse mauvais qu'un inconnu fût amant favorisé de ma nièce. Qu'en conclure ? Le bon sens ne dit-il pas de considérer en une affaire les personnes qu'elle touche plus particulièrement ? Quel est l'intérêt de Volhall

en comparaison de celui de Zénoïde et du mien ? Ce barbare fut-il jamais un bon parent pour sa nièce et pour les auteurs de ses jours ? Il les abandonna à leur infortune, il la causa peut-être, il s'en réjouit, il lui insulta cruellement. Pourquoi aurait-il les droits d'un parent quand il n'en a pas rempli les devoirs ? Cette loi naturelle et divine qui doit être la règle de nos actions ne me donne-t-elle pas des rapports plus prochains et plus puissants avec la nièce qu'avec l'oncle ? Devais-je me laisser consumer de désirs, devais-je affliger Zénoïde par mes mépris ou par mon inconstance, plutôt que d'offenser l'orgueil du féroce Norvégien ? J'ai fait ce que tout honnête et galant homme à ma place aurait fait. J'ai consolé une orpheline accablée des plus grands chagrins. Je l'ai arrachée au souvenir douloureux de ses pertes, aux funestes effets de son désespoir. **(37)** On peut me pendre comme un coquin. Mais je ne m'en estimerai pas moins. Peu m'importe d'être mangé des mouches ou des vers. Le crime fait la honte, et non pas l'échafaud. **(38)**

Le bon Candide ne faisait pas attention à son mariage qui changeait l'état de la question.

CHAPITRE QUATRIÈME

Qu'on lira, si l'on veut. Consolation philosophique moderne pour ceux qui jouent à se faire pendre, multi vocati, pauci electi. ***(39)***

Le prisonnier raisonneur s'étant ainsi délivré de la crainte de la mort et de la honte du supplice, il n'était pas homme à s'effrayer de l'appareil **(40)** à s'épouvanter de la douleur. Cependant comme en pareille détresse, l'esprit se plaît à épuiser son sujet, notre héros se fixa désagréablement sur la hideuse image d'un pendu ; et il ne conjecturait point sans horreur qu'un genre de mort qui défigure si affreusement son homme devait faire étrangement pâtir la nature. Cacambo ne

savait que lui dire : il n'était pas né dans un pays[α] où le goût des sciences fût si fort que l'on voulût s'y instruire de tout par l'expérience. (41) Il en fit l'aveu à son maître, qui lui dit.
– Ton ignorance me rappelle certains prétendus savants de la Perse, qui disaient avoir fait vœu de consacrer leurs veilles et leurs travaux au bonheur du genre humain. (42) D'après ce généreux engagement, ils se croyaient en droit d'indiquer aux hommes de nouvelles voies, de leur donner de nouvelles idées pour se rendre heureux. (43) Dans ma retraite de Sus, j'ai lu plusieurs de leurs écrits, mais avec dégoût. Car ayant été gouverneur de province, j'étais ami de l'ordre, de la paix, et de la justice. J'étais bien éloigné d'applaudir à des gens qui donnaient pour démontré que les conventions constitutives des sociétés civiles sont de même nature en tout point que les contrats particuliers qui n'obligent point les mineurs. Je n'approuvais point du tout que des hommes qui s'annonçaient pour les docteurs des nations prissent à tâche d'altérer, d'affaiblir dans l'esprit des peuples, le respect pour les anciennes lois et pour les anciens usages aussi vénérables qu'elles. Au fond de mon palais de Sus j'avais la liberté d'esprit de reste pour critiquer. Au fond de ce cachot je me rappelle avec plaisir ces savants et ce que j'ai vu dans leurs écrits qui a rapport à ma situation. Ces messieurs, non contents d'avoir corrigé les vieilles idées sur le crime, ont porté la charité jusqu'à prémunir les hommes portés au crime contre la crainte du supplice le plus ordinairement employé envers les criminels. Au moyen de recherches et d'expériences d'une sagacité admirable, ils ont découvert qu'il n'y a guère de mort plus douce que celle d'un pendu, que les rayons de la lumière interceptés sous les paupières du patient, et foulés sur la rétine, rassemblent pour lui en un instant toutes les merveilleuses opérations du prisme, et lui procurent le spectacle de la plus brillante illumination, que la subite affluence du sang aux extrémités pro-

---

[α] Voyez *l'Année littéraire* de Fréron, 1763.

duit le plus délicieux chatouillement à la plante des pieds, qu'enfin les moments qui précèdent l'entière suffocation sont des moments de plaisir que le voluptueux qui en aurait l'idée envierait aux suppliciés. **(44)**

Candide exposait cette singulière découverte d'un ton et d'un air si ingénu, que son fidèle valet ne put retenir un violent éclat de rire. Le prisonnier ne le prit point en mauvaise part. Au milieu des plus grandes douleurs, il ne faut qu'une distraction pour faire saillir la gaieté. Notre esprit est une vraie lanterne magique **(45)** où une ombre couvre ou chasse l'autre. Les philosophes anciens définissaient très bien l'homme un animal risible. **(46)** Je ris comme toi, dit-il, de la folie des philosophes persans, qui se sont imaginé qu'ils persuaderaient qu'il y aurait du plaisir à se faire pendre. **(47)** Cependant leur folie me console. Que m'importe en la situation où je suis que leur découverte soit préjudiciable au bien de la société ? L'univers entier n'est plus rien pour moi. Je n'y vois que moi. Pour mourir avec tranquillité je dois même n'y pas voir autre chose. Y a-t-il des docteurs que je puisse estimer plus que ceux qui éloignent de moi ce qui est capable de m'affliger ?

Les deux malheureux distraits de l'idée de leurs peines se livraient à ces heureux instants d'enjouement et de bonne humeur, quand le geôlier vint avertir le fidèle valet qu'il était attendu à la porte par deux fusiliers. Il embrassa son maître et son ami, et se retira comme un véritable ami qui laissait la moitié de soi-même dans le hideux cachot.

CHAPITRE CINQUIÈME

Caractère du seigneur de Volhall, avec ce qui advint à la tendre Zénoïde après la fuite de son amant.

Il y avait environ cinquante ans que le seigneur Volhall était en âge de raison, et il y avait tout juste ce temps-là qu'il abusait de sa raison pour outrager l'humanité. Un tempérament vigoureux l'avait fait jouir d'une santé brillante, en dépit de ses excès du lit et de la table. Inaccessible à la maladie, il l'était devenu à l'idée de la mort. La vue d'un malade en proie aux souffrances et à la douleur, cette vue si propre à faire rentrer en eux-mêmes les hommes les plus orgueilleux, à attendrir les plus durs et les plus féroces, n'avait fait qu'accroître son orgueil et nourrir sa férocité. Il ne doutait point qu'il ne fût d'une nature ou d'une trempe supérieure à celles des autres hommes, et croyant n'avoir au fond que fort peu de chose qui lui fût commun avec eux, il se considérait seul sur la terre. Il y cherchait sa satisfaction sans se soucier de ce qu'elle pouvait coûter aux autres.

Comme il n'avait jamais interrogé sa conscience, il ignorait également le sentiment délicieux de la bienfaisance et la dévorante impression du remord. C'était sous une figure humaine la brute la plus intraitable ; au milieu d'une nation civilisée et d'une cour polie, le sauvage le plus décidé. Timide et rampant devant le petit nombre de ceux qu'il craignait, insociable avec ses égaux, impitoyable pour ses inférieurs, il ne prenait conseil que de son intérêt et de ses passions. Il s'était marié une fois par avarice et par ambition, et il avait fait mourir de chagrin sa malheureuse compagne dont le cœur fut trop haut pour se soumettre à être son esclave.

Il avait aimé plus d'une fois, mais par instinct, et sans autre choix que celui de ses yeux, sans autre volupté que celle de ses sens. Ses sales désirs s'étaient portés sur Zénoïde, et sa respectable mère, parce qu'elles étaient de figure à faire naître des désirs. Il ne fut touché ni de la vertu de celle-ci, ni de l'innocence de celle-là, ni de leur infortune qui aurait suffi pour fléchir des barbares. Après s'être fait haïr par ses importunités, mépriser par ses insultes, il était déterminé à se faire abhorrer par les derniers outrages. On a vu comme la vertueuse famille s'était estimée moins malheureuse de périr de faim et de soif au milieu des forêts de la Norvège, que de vivre sous sa protection dans un château où il était le maître.
(48)

Incapable d'un sentiment généreux, il avait repris ses lâches espérances sur sa nièce en la voyant orpheline et sans autre asile que celui qu'il lui donnait. Le cruel remarqua chaque jour avec un redoublement de joie que cette belle fille semblait se consoler de ses malheurs, qu'elle soutenait sa vue avec moins de peine, qu'elle mettait moins d'aigreur dans ses expressions, plus d'égards et de complaisance dans ses manières avec lui. Il était trop ignorant pour attribuer ce changement à sa véritable cause, pour y reconnaître l'amour heureux qui répand sa satisfaction sur tout ce qui l'approche, pour y démêler la timide innocence toujours prompte à payer d'une générosité sans bornes l'indulgence qu'elle sollicite pour une faiblesse.

L'homme féroce s'imagina que le courage et la vertu de sa nièce cédaient peu à peu à une honteuse prudence, qu'elle s'exerçait à sacrifier ses ressentiments à la nécessité, qu'elle redoutait un oncle irrité, et qu'elle ne tarderait pas à le souhaiter tendre.

On tâcherait en vain de peindre ses fureurs et sa rage, quand la jalouse Cunégonde lui eut révélé les secrets de sa maison. **(49)** La fuite de son heureux rival livra sa tendre nièce à tout son emportement. Après l'avoir traitée avec la dernière inhumanité, il la fit partir pour ce triste château de la Norvège, où avaient commencé ses infortunes, où elle avait reçu tant de preuves de la noire méchanceté de ce tyran, où enfin elle devait être absolument à sa discrétion.

Le seigneur Volhall tenait en ce hideux château une vieille femme, plus laide encore que la fille du Pape Urbain **(50)** mais beaucoup moins compatissante, parce qu'elle n'avait point eu d'aventures. Cette vieille furie avait mérité par quarante ans de services les bienfaits et la confiance de son maître. Ce fut à elle qu'il abandonna le soin de réduire l'âme noble et vertueuse de Zénoïde. Ayant apprivoisé des loups et des ours par la faim et par les coups, il n'exceptait aucun animal de l'efficace qu'il attribuait à cette méthode ; et le succès lui en paraissait indubitable sur une jeune personne que la tendresse infinie de ses parents avait constamment tenue éloignée de toute épreuve de ce genre. Sa prévention à cet égard était si forte qu'il crut n'avoir à se contraindre que pour quelques semaines, en différant d'aller en Norvège jusqu'à ce que l'infortunée demandât sa visite comme une faveur.

La belle et vertueuse fille du seigneur Zéno trouva la détestable vieille déjà munie de son instruction. Elle la connaissait et la méprisait trop pour essayer de la fléchir par ses prières et par ses larmes. Sans permettre que ni elle ni une grosse servante qui était à ses ordres la touchassent, elle échangea avec fermeté sa robe de pékin (51) contre un sac de grosse toile bleue, et elle se laissa paisiblement enfermer dans la chambre obscure d'une vieille tour, qui depuis longtemps n'était plus habitée que par les hiboux. (52) Une fois le jour, elle recevait par un guichet percé dans le mur un morceau de pain noir, avec une cruche pleine d'eau fraîche. Deux ou trois gerbes de paille, et quelques peaux d'ours composaient tout son lit. De temps en temps la vieille venait insulter à sa vertu par de longs discours tels qu'on les peut imaginer, et elle se retirait toujours plus irritée du noble silence que lui opposait la belle prisonnière.

Mais soit que Volhall se respectât encore un peu dans sa nièce, soit qu'il eût des raisons pour ne pas presser la conquête, la vieille n'alla jamais plus loin que la menace. L'histoire ose bien garantir que la fermeté de l'héroïne aurait tenu contre les mauvais traitements de toute espèce, et l'on est tenté de l'en croire. Car le lierre ne s'attache pas si fortement à l'ormeau, qu'une femme à l'amant sur qui on la contrarie. (53) Ce qui est plus certain, c'est qu'il y avait déjà sept mois qu'elle soutenait la cruelle épreuve, sans s'être démentie un instant, lorsque le seigneur Volhall fut honoré du commandement de l'armée du roi, pour la mener contre les paysans d'une extrémité de la Norvège, qui s'étaient soulevés. (54)

CHAPITRE SIXIÈME

Quel homme était le libérateur de la belle prisonnière.

Tel que nous l'avons dépeint, le seigneur Volhall était un guerrier du premier ordre. Car quoi qu'en dise la vénérable Antiquité, le goût du carnage qu'elle aime à donner à ses héros manque moins rarement aux grands scélérats qu'aux grands hommes. L'ordre de la cour eût-il été moins pressant, le nouveau général n'aurait pas le plaisir qu'il croyait certain de réduire sa nièce à la gloire qu'il espérait acquérir en massacrant des milliers de paysans. À certain âge l'ambition est la passion maîtresse. L'ordre portait d'aller joindre sur-le-champ l'armée assemblée et son excellence se fit honneur de sa prompte obéissance. Pendant que le futur héros des gazettes **(55)** s'éloignait de la capitale du Danemark, l'ange qui veille à la conservation des beautés tendres et fidèles amenait dans l'affreux château un libérateur à la belle Zénoïde.

La cour non moins attentive à maintenir la tranquillité dans une partie du royaume, qu'à la rétablir dans l'autre, avait envoyé des ordres en conséquence au commandant pour le roi dans cette province de la Norvège où était le château de Volhall.

Or ce commandant était un seigneur presque aussi rare de son espèce, que Volhall de la sienne. Gentilhomme qualifié d'une maison très ancienne et très illustre, il n'avait point honte d'être encore plus aimé, estimé et respecté, que craint du peuple et de la noblesse. Il était équitable, généreux, bienfaisant, sans se soucier d'en être loué, sans se fâcher d'en être quelquefois raillé, et d'être plus souvent trompé. Il avait passé tout le printemps de son âge dans les armées étrangères pour apprendre l'art de la guerre qu'il regardait comme une connaissance dont sa naissance lui faisait un besoin. Mais après s'être rendu capable de servir son Prince et de défendre son pays, il s'était retiré sur ses terres en se refusant à sa promotion dans les armées de Sa Majesté.

– Mon bien, mon sang, et ma vie, répondit-il, appartiennent à l'État et au roi. Ils me trouveront toujours prêt à les sacrifier pour leur service. Mais il est indigne de moi de les leur allouer. Serve qui voudra pour des gages les grandes et petites passions des ministres de Sa Majesté. Pour moi, je servirai le roi et l'État parce que je le dois. Je tiendrai toujours à gloire et à bonheur de les servir. Jamais je ne me mettrais dans le cas de la tenir à grâce.

Aujourd'hui, on mépriserait à la cour, on chansonnerait à la ville et dans les provinces le seigneur qui s'aviserait de se chausser de pareilles idées dans la tête. Mais au temps de Candide, on était partout bien moins subtil et bien moins judicieux. Aussi la chronique de ce temps encore gothique **(56)** fait-elle foi que le roi de Danemark trouva très noble la façon de penser du seigneur Warth-Adelich, et que, de ce moment, Sa Majesté fit grande estime de sa personne. Elle ajoute que les ministres se figurant que leurs parents, leurs amis et leurs créatures **(57)** y auraient trouvé leur avantage, si toute la haute et riche noblesse danoise avait été aussi romanesque, **(58)** ils applaudirent au discernement de Sa Majesté, sans tenir rancune au noble philosophe sur son petit mot de satire contre eux. Il y eut plus encore. Les nobles moins opulents lui surent un gré infini de s'offrir à la même carrière qu'eux, sans vouloir leur en dérober les prix.

Le seigneur Warth-Adelich est placé avec éloge et distinction entre les meilleurs gouverneurs de cette province. Les chroniqueurs assurent qu'il eut cet emploi sans l'avoir brigué, et qu'il le remplit jusqu'à sa mort, sans s'y être ni enrichi, ni endetté. Ce temps, encore un coup, était un autre temps que le nôtre.

CHAPITRE SEPTIÈME

Comment la belle Zénoïde fut tirée du hideux château.

Ce gouverneur ou commandant de province si singulier, avait reçu ordre de faire sa tournée dans son gouvernement **(59)** pour en affermir les peuples dans le devoir, d'en assembler les milices, afin de les tenir prêtes à joindre l'armée, et surtout, d'établir en divers cantons des magasins de vivres et de fourrage. Il vint au village dépendant du château de Volhall.

Ce village était si chétif, les habitants si pauvres et si misérables, qu'il n'y avait pas une maison où un officier pût être logé décemment. Ce fut force à l'honnête commandant d'occuper le château. Il se conduisit d'ailleurs avec tous les égards imaginables pour le seigneur propriétaire, l'affaire le regardant uniquement, il se crut le maître de relâcher de ses droits à sa volonté. Mais ayant jugé qu'il était du bien du service de Sa Majesté de placer un magasin dans la tour, le châtelain et la vieille lui remontrèrent que leur maître le trouverait mauvais. Sans paraître faire attention à leurs représentations, il leur ordonna de déblayer les chambres du haut et du bas. Comme leurs instances lui firent soupçonner que le seigneur Volhall avait des effets précieux dans quelque endroit de la tour, il se mit sur-le-champ en devoir d'en faire lui-même la visite, afin que rien ne fût distrait (60) et que l'inventaire fût dressé sous ses yeux.

Tout étant ouvert et dans un état de délabrement, il n'y avait pas moyen de cacher plus longtemps que la tour était un vieux bâtiment abandonné. La vieille espéra pourtant soustraire sa prisonnière à la visite. Elle courut à la chambre dont elle ouvrit la porte pour la première fois. Elle inventa un accident qui menaçait la tour d'une ruine entière, enfin elle détermina la tendre Zénoïde à la suivre, car cette fidèle amante avait un pressentiment qu'elle serait réunie à son cher Candide, et elle ne voulait pas mourir. Déjà elle avait descendu un étage quand le seigneur Warth-Adelich entrait dans l'escalier. Au bruit de plusieurs voix qu'elle entendit confusément, la belle prisonnière n'eut point d'autre idée que celle de se cacher.

Cette mauvaise honte, enfant du faste et de la vanité, et qu'on prend faussement pour un sentiment d'honneur, fut plus forte que le sentiment de son innocence. Elle craignit d'être vue dans le grossier habillement où elle était et elle remonta précipitamment l'escalier, en pressant la vieille de la dérober à la vue de ses libérateurs. Celle-ci était dans un grand embarras. Entraînée jusqu'au donjon, qu'il n'y avait pas apparence que le seigneur commandant négligeât de visiter, elle se convainquit de l'impossibilité d'éviter sa rencontre. L'unique parti qu'elle eut à prendre lui parut le meilleur. Elle dit en peu de mots à Zénoïde de quoi il s'agissait, en se recommandant à sa générosité.

Le nom du commandant releva merveilleusement le courage de l'héroïne. Elle avait accompagné plusieurs fois sa mère chez la dame Warth-Adelich, toujours son amie malgré ses malheurs. Elle connaissait la noble et vertueuse famille, et elle osa se flatter de n'en être ni oubliée ni méprisée, ce qui lui rendit l'honnête hardiesse qu'exigeait la circonstance. Ayant promis à la vieille son pardon, elle l'envoya prier de sa part le seigneur commandant de venir seul au donjon.

Cet homme généreux et poli y vola, défendant à sa[†] suite d'avancer après lui. Il trouva Zénoïde sur le seuil de la porte. En dépit de ses chagrins et de l'étrange négligé de sa parure, elle était belle. Sans pleurer, elle avait dans les yeux l'attendrissement et la douleur. La vivacité dont elle saisit de ses deux mains une de celles du commandant anima son visage. Elle aurait touché Volhall lui-même.

Ô Seigneur, lui dit-elle, la mort m'a enlevé mon père et ma mère, mon dernier malheur est d'avoir un oncle...

Warth-Adelich ne lui donna pas le temps d'en dire davantage ; et en se faisant violence pour retenir ses larmes, il lui répondit.

– Laissez-moi, mademoiselle m'en tenir à vous plaindre et à vous protéger. Gardez des secrets domestiques, que je ne pourrais apprendre sans chercher à vous venger. Je vais vous éloigner de ce hideux château qui vous rappellerait trop vivement vos peines. Vous trouverez dans ma maison une amie empressée à vous les faire oublier. Peut-être que le temps nous donnera les moyens de les faire finir.

La vieille revint alors avec l'habillement que Zénoïde avait apporté de Copenhague. En moins d'un quart d'heure la belle Danoise fut en état de se rendre auprès de son libérateur, et d'être vue des gens de sa suite avec bienséance. Pendant sa courte toilette ses chevaux avaient été attelés à un carrosse. On avait mis dans les coffres du pain, des viandes froides, et quelques bouteilles de vin. Du plus loin que **(61)** le seigneur Warth-Adelich aperçut la belle prisonnière, il fut à elle, et en lui faisant goûter les raisons qu'il avait de la dérober promptement à la curiosité des gentilshommes et offi-

---

[†] la suite

ciers de sa suite, il lui donna le bras jusqu'au carrosse. Elle emmena la vieille, et le chef de l'escorte, qui avait ses ordres, guida les cochers.

CHAPITRE HUITIÈME

Exploits militaires du seigneur Volhall.

Nul contretemps n'avait interrompu le général Volhall sur sa route. Enveloppé dans une fine fourrure de Sibérie, à demi couché sur d'épais coussins dans un traîneau matelassé d'ouate, et non moins exactement fermé qu'artistement coupé, il se fit voler à travers les neiges et les glaces avec une intrépidité dont les gazettes firent la plus honorable mention. Comme il n'y avait point à douter qu'on ne lui tînt compte à la cour de sa diligence, il n'eut pas plutôt [plus tôt] mis pied à terre, qu'il expédia un courrier chargé du certificat de son heureuse arrivée.

En attendant la venue de ses équipages, il fut traité splendidement par les entrepreneurs généraux des vivres et des forages† **(62)** et par l'intendant de l'armée, Il reçut les députations, les suppliques et les présents des villes et des communes qui avaient le désastreux honneur d'être à dix lieues à la ronde sur les derrières de son quartier. Enfin lorsque tout ce canton de bons et paisibles sujets de Sa Majesté fut mangé **(63)** son excellence ordonna de marcher en avant, et elle entama les opérations de la campagne.

La première fut de faire pendre sans miséricorde une centaine de rebelles, hommes et femmes enlevés pendant la nuit dans leur village, qui avait été pillé puis brûlé par les troupes légères. Ces misérables avaient fait le chemin jusqu'au camp attachés à la queue des chevaux. Ils avaient déjà souffert plusieurs morts avant que de mourir. Les habiles politiques **(64)** de la cour ne pouvaient manquer d'applaudir à l'effroyable exécution, car le crime de cette odieuse pro-

---

† fourages

vince menaçait la monarchie des plus funestes suites si l'on n'y pourvoyait par la terreur de l'exemple.

Voici en quoi il consistait. L'ordonnance du roi pour la construction et la réparation des grands chemins avait assigné un salaire journalier aux travailleurs des deux sexes, et même aux enfants. Mais les intendants, bien mieux avisés que les ministres, avaient décidé entre eux qu'il était plus avantageux à l'État qu'ils appropriassent ces deniers pour récompense de leur habileté à faire faire le travail par corvées.

Une autre ordonnance du roi avait établi un impôt pour le logement et l'ustensile (65) des troupes, et Sa Majesté y avait déclaré que son objet et son intention étaient que ses troupes ne fussent plus à charge à ces deux égards aux habitants des villes et des campagnes. Mais les intendants s'étant réservés d'entendre pour le mieux la volonté du roi, ils avaient levé l'impôt avec la plus grande exactitude et laissé les soldats vivre à discrétion chez le paysan, comme auparavant.

Les communes des villages et des bourgs, les magistratures des villes, avaient porté plainte contre les seigneurs intendants eux-mêmes qui avaient envoyé au cachot les faiseurs de remontrances. Les communes, irritées de cette apparente injustice s'étaient concertées pour faire parvenir leurs gémissements au pied du trône ; et leurs députés interceptés en chemin avaient été conduits aux galères. Enfin, une compagnie de dragons se faisait un divertissement d'insulter les femmes et les filles du village où elle avait son quartier, de battre les garçons et les maris, de casser les meubles, et de dissiper les provisions de ses hôtes. La commune lui courut sus, et eut la témérité de blesser grièvement d'un coup de pierre à la tête M. le capitaine qui était fils du cassier (66) d'un riche partisan.

La nouvelle en vola dans la province, chaque compagnie de cavalerie et de dragons se vit dans la compagnie battue, et crut avoir à se venger. Ce fut dans tous les bourgs et villages une guerre ouverte entre les soldats et les paysans. Non seulement les manants (67) eurent l'audace de se défendre, ils eurent encore celle de malmener leurs ennemis, et de leur refuser le retour en leurs chaumières à demi ruinées, à moins que les officiers ne se rendissent garants sur leur honneur d'un entier oubli du passé. Quelle imprudence criminelle d'oser capituler avec les troupes du roi ! Cette exécrable rébellion étant déférée à la cour avec toute son énormité par les intendants, l'on opina à la pluralité dans le conseil, qu'il y allait d'un bouleversement universel, si l'on n'employait pas le fer et le feu contre les rebelles.

Cependant comme les profonds politiques sont souvent égarés par leur propre sagacité qui les fait aller au-delà du possible, l'événement montra qu'on n'avait pas pris le meilleur parti. C'était effectivement imiter celui qui ferait promptement abattre sa maison, de peur que le feu de la cheminée ne vînt à la consumer. La méthode choisie par la pluralité des conseillers changea un peuple de suppliants en un peuple de désespérés.

Le général Volhall ne put faire un pas qu'il n'eût à dos et sur ses flancs des pelotons de braconniers qui déployaient à grands coups de fusil sur tout ce qui était à portée de leurs armes, l'adresse qu'ils avaient acquise à la chasse. Les petits partis qu'il détachait manquaient rarement d'être accablés par le nombre, les gros tombaient dans des embuscades, où ils étaient taillés en pièces. Ses traîneurs et ses maraudeurs, tantôt coupés, tantôt enveloppés (**68**) ne rejoignaient jamais. De quelque manière qu'il s'y prît pour en venir à une affaire décisive, il ne put y parvenir. La parfaite connaissance du pays valait aux rustres l'art et le génie de la guerre. Ils lui firent faire une campagne extrêmement pénible et désagréable.

Cependant les bulletins pour la cour n'en contenaient pas moins de longs et exacts détails d'attaque et de prise de forts importants où les troupes de Sa Majesté et les officiers chéris au bureau avaient fait des prodiges de valeur. En dépit de notre vanité, il nous faut avouer que nous ne sommes pas inventeurs autant que nous nous le faisions accroire et qu'avant notre temps on faisait des bulletins au moins aussi singuliers que les nôtres.

CHAPITRE NEUVIÈME

Suite du même sujet.

Le seigneur Volhall espérant mieux pour l'avenir, quitta la campagne de bonne heure, et cantonna les troupes dans un parfait concert avec les intendants des provinces. On conçoit aisément que le cordon **(69)** ayant à envelopper nombre de terres et de seigneuries appartenant à des hommes puissants à la cour, et qu'on ne voulait pas fouler, il fut d'une grande étendue. La faute était indispensable et d'ailleurs le mépris qu'on faisait de l'ennemi ne la fit apercevoir qu'après coup. Les rebelles la remarquèrent d'abord, mais ils furent assez malicieusement avisés pour n'en rien faire connaître, ce qui tint le général et les troupes dans une pleine sécurité.

Les deux tiers de l'hiver s'étaient passés en divertissements et en fêtes au quartier général. Comme on y était informé que les rebelles qui avaient fait très petite moisson l'année précédente, souffraient de la disette **(70)** on se promettait d'en avoir bon marché au printemps et on ne prit aucune inquiétude de l'avis qu'on reçut que leurs meilleurs hommes étaient allés courir les bois. On présuma qu'ils comptaient se faire ressource de la chasse. Ils eurent donc tout le temps qu'ils voulurent pour s'éparpiller, se rassembler, et pour concerter leur marche sur le quartier général par diverses routes.

La surprise fut complète. Avant que l'alarme fût parvenue aux autres quartiers, celui-là fut enlevé. Le terrible Volhall qui se battait courageusement en retraite avec ce qu'il avait pu rallier de ses gens, tomba percé de coups, et dès qu'on ne le vit plus, chacun chercha son salut dans la suite.

Les vainqueurs ne voulurent pas se retirer sans emporter leurs blessés et le butin. Ils reconnurent Volhall entre les morts. Quelques-uns de ceux qui avaient le plus perdu à ses cruelles exécutions, insultaient au cadavre avec la pointe de leurs baïonnettes, lorsqu'ils lui virent ouvrir les yeux et donner plusieurs autres signes de vie. Leur ressentiment céda à la pitié ou au respect. Ils avertirent leurs chefs qui, concevant de grandes espérances d'un prisonnier de ce rang, le firent transporter sur un brancard, et donnèrent leurs ordres pour qu'il fût soigné avec les plus respectueuses attentions. Ces hommes grossiers et ignorants s'imaginaient que les grands seigneurs étaient les protecteurs nés du peuple et, qu'ayant l'honneur d'approcher du roi, il ne se pouvait pas qu'ils n'eussent un peu de sa bonté et de sa bienfaisance. Dans ce préjugé, ils se dirent que le général qui se portait avec une espèce de fureur à les exterminer, s'intéresserait pour eux aussitôt qu'ils l'auraient convaincu qu'ils aimaient leur auguste souverain de tout leur cœur. Ils firent donc au général toutes sortes de bons traitements, dont la longueur de sa convalescence ne leur fit rien rabattre.

Le rusé militaire profita de la confiance de ces misérables pour pénétrer dans le secret de leurs moyens de défense. Il ne leur parla de sa rançon et de sa liberté que quand il ne lui resta plus rien à reconnaître. Il fut très étonné de s'entendre dire qu'il avait été libre dès le moment qu'il avait été en état de se faire transporter, qu'un seigneur tel que lui ne pouvait être prisonnier chez les sujets de Sa Majesté, qu'on se tenait honoré du séjour qu'il avait fait dans le canton et qu'enfin c'était par respect qu'on s'était abstenu de lui parler de son départ.

Le harangueur ajouta que les communes le suppliaient d'intercéder auprès du roi pour un peuple innocent, opprimé et calomnié dont des tyrans subalternes empêchaient les très humbles prières et le respectueux hommage de parvenir au pied du trône. Volhall promit tout ce qu'on voulut, et partit comblé des vœux et des bénédictions de ceux à qui il devait la vie.

Mais au lieu de prendre la route de Copenhague, il fut droit à l'armée. Il fit assembler le conseil de guerre, auquel il communiqua le nouveau plan d'opérations qu'il avait formé. Les ordres furent donnés en conséquence, et peu de jours après, l'armée se replia sur plusieurs colonnes vers l'intérieur du royaume. Des déserteurs apostés rapportèrent aux paysans qu'elle se retirait, et ces bonnes gens attribuèrent l'événement à la bienveillance de leur noble prisonnier. Volhall ne fut donc point suivi.

Ayant longé tout autant qu'il voulut le pays soulevé sans faire aucune mauvaise rencontre, il se trouva, suivant son plan, sur les derrières du lieu fort où les rebelles avaient rassemblé leurs femmes, leurs enfants, et leurs meilleurs effets. Au commencement de la nuit ce réduit fut attaqué sur divers points. L'attaque étant imprévue, elle fut soutenue en désordre pendant fort peu de temps, après quoi le retranchement fut forcé. Les troupes se répandirent dans l'enceinte avec l'ordre qu'elles n'exécutèrent que trop bien, de passer au fil de l'épée tout ce qui se présenterait devant elles. Bientôt le feu fut de moitié avec le fer pour faire périr cette multitude de vieillards, de femmes et d'enfants.

CHAPITRE DIXIÈME

Quelles furent la mort et les dernières dispositions du Seigneur Volhall.

On distinguait à la lueur de l'incendie le terrible Volhall, qui animait ses gens au carnage. Cette ardeur martiale le perdit. Il fut remarqué d'un malheureux qui rendait les derniers soupirs sur les corps de sa famille massacrée sous ses yeux. L'espoir de la vengeance lui donna la force de recharger son fusil et de le tirer. Les trois balles atteignirent au dos le général victorieux et lui cassèrent les reins. La violence du coup le fit tomber, et si malheureusement qu'il se rompit une jambe, qu'à la première inspection les chirurgiens se crurent obligés de lui couper. Une grosse fièvre qui vint à la suite de l'opération, leur parut exiger trois saignées consécutives. En moins de deux heures, le blessé épuisé de forces et de sang, vit s'éteindre son audace et disparaître sa férocité.

Inquiet sur son état, il demanda instamment qu'on ne la lui dissimulât pas, et il lui fut répondu avec fort peu de ménagement qu'il devait penser à mourir. Il fut effrayé de ces mots tout à fait nouveaux pour son oreille. Ses yeux errèrent sur les visages de ceux qui entouraient son lit et il crut y lire son arrêt de mort. Un morne silence qui n'était interrompu que par des chuchotements régnait dans la chambre. Chacun semblait dire au malade qu'il l'abandonnait à ses réflexions. Il entendit ce langage muet. Ses yeux se fermèrent, et pour la première fois de sa vie il fut aux prises avec sa conscience. L'épouvante et l'horreur étaient dans ses yeux quand il les rouvrit. Le passé et l'avenir se succédaient rapidement dans son imagination, et il était également tourmenté de l'un et de l'autre. Il désespéra de soutenir sans secours la violence de la crise, et il demanda un prêtre. Ce fut avec tant d'instance que les laquais se dispersèrent pour trouver et amener en diligence un aumônier de l'armée. Mais ces messieurs qui n'avaient pas prévu qu'il leur dût venir une pareille pratique, étaient occupés suivant leur goût. Les uns s'enivraient chez les vivandiers, les autres s'accommodaient à vil prix des meilleurs effets échappés à l'incendie. On n'en put rencontrer aucun. Un vieux valet de chambre qui aimait son maître malgré ses vices parce qu'il était à lui depuis son enfance, avait prévu la difficulté d'avoir un chapelain (71) ; et il avait d'abord dépêché au curé du village Cacambo, dont le seigneur Volhall avait mieux aimé faire un de ses coureurs qu'un timbalier. Le métis trouva le pasteur au milieu d'une multitude de rebelles mourants, pour qui il avait fait de son presbytère un hôpital. Cet honnête ecclésiastique quitta à regret sa charitable occupation. Peu touché de la belle figure que lui serait faite† dans les gazettes, l'honneur d'expédier son excellence, il se rendit à ce qu'il crut devoir à l'édification publique, et il se laissa conduire par Cacambo qui ne manqua pas, en chemin faisant, de lui recommander son cher maître Candide et la belle Zénoïde.

    Ici les critiques pointilleux doivent se taire, et admirer en silence le privilège singulier qu'ont les historiens de savoir mot pour mot tout ce qui s'est dit dans un tête-à-tête impénétrable. À la vue du prêtre les officiers et les domestiques se retirèrent, et le pasteur resta seul avec le haut et puissant seigneur qui, n'ayant plus d'égard aux frivoles hon-

---

†   faire

neurs de son rang, l'invita de la main à s'approcher du lit, et à s'asseoir dans un fauteuil.

– Mon heure est venue, lui dit le malade d'une voix à demi éteinte. Aidez-moi à en soutenir l'horreur. Je sais à peu près ce que je dois craindre, dites-moi ce que je peux espérer.

– Je remplirai avec joie auprès de vous, seigneur, les fonctions de mon ministère, lui répondit le curé avec autant de douceur que de gravité. Mais c'est à vous de m'apprendre les espérances que je puis vous donner. La miséricorde de Dieu est infinie, et aussi sa justice.

– Je suis perdu reprit Volhall en poussant un profond soupir, si l'une n'est pas supérieure à l'autre. Je suis couvert d'iniquités qui crient vengeance, et je n'ai que mon repentir qui sollicite grâce.

– Rendez-vous compte à vous-même de ce repentir, repartit le vertueux ecclésiastique ; il en est bien tardif, mais s'il est sincère, vous pouvez vous en promettre beaucoup.

– Ah mon ami ! j'ai pêché contre Dieu et le prochain pendant toute ma vie, je n'ai respecté ni lois divines, ni lois humaines, quand j'ai pu les enfreindre impunément.

– La miséricorde de l'être infiniment bon, répondit le judicieux pasteur, n'a point de bornes quand il s'agit de notre ingratitude envers lui, et un instant de pur hommage peut satisfaire pour la rébellion de la plus longue vie. Mais je suis obligé de vous dire que cette miséricorde, dont l'infini résulte de la distance infinie à laquelle le créateur est de la créature, de son ingratitude et de ses outrages, doit disparaître et cesser d'être un des attributs de la divinité lorsque les relations de créature à créature réclament sa justice. Nos lumières sont trop bornées pour pénétrer dans l'avenir auquel la mort nous livre. Dieu est juste. Conséquemment il récompense et punit. Voilà tout ce que nous savons avec certitude. L'oppresseur n'est point justifié en cessant d'opprimer. L'hommage de sang et de rapine ne devient pas innocent en mettant fin à ses meurtres et à ses concussions. Quelle influence leurs remords, quelque vifs qu'on les suppose, peuvent-ils avoir sur le sort des malheureux que leur barbarie a jetés dans le désespoir ? Consultez avec vous-même, seigneur, voyez si vous êtes en pouvoir et en volonté de réparer le tort que vous avez fait au prochain. Procédez promptement à cette réparation. Alors je pourrai, sans trahir la vérité et le devoir de mon ministère, vous inviter à ne voir dans le souverain juge qu'un être infiniment miséricordieux.

– Hélas ! s'écria douloureusement le moribond, c'est donc là toute la consolation que vous avez à me donner ! La religion exigerait-elle de moi l'impossibilité [l'impossible][†] ?

– C'est vous, seigneur, qui formez cette injuste prétention à sa charge, vous qui voudriez que de stériles regrets qui ne se font sentir qu'au moment où vous vous refuseriez inutilement à eux, vous acquittassent tout d'un coup envers les infortunés dont vous avez sacrifié le bien-être à vos passions. La religion nous présente plusieurs choses supérieures à notre raison. Mais jamais des ministres, s'ils ne sont des imposteurs ou des ignorants, ne vous en ont présenté que votre raison pût convaincre d'injustice. La religion me dit de gémir sur vous, et de vous plaindre, si vous avez fait plus de mal que vous n'en pouvez réparer. Elle m'ordonne de vous exhorter à faire sans délai toutes les réparations et satisfactions qui sont en votre pouvoir. Elle me permet de vous inviter à espérer que ceux dont vous avez fait le malheur en ce monde et qui sont morts, ayant été récompensés dans l'autre de la vertu avec laquelle il soutinrent le poids accablant de l'injustice et de l'oppression, vous n'aurez à répondre que pour ce qu'ils ont souffert, et que vous aurez désiré de réparer. Mais hélas ! Que puis-je vous dire de consolant sur ceux que vous avez jetés dans le désespoir, et dont vous avez fait périr le corps et l'âme ? Je deviendrais votre complice, et j'outragerais l'humanité, si je vous disais la religion plus indulgente. Dieu est miséricordieux. Mais il n'est pas moins juste.

Il est impossible de décrire la terrible perplexité dans laquelle tomba le mourant. Il eut deux heures d'angoisses et d'épreintes (**72**) plus douloureuses que le plus cruel supplice.

[†] l'impossible

Lorsque le vertueux ecclésiastique vit dans ses souffrances une espèce d'expiation, il fit usage des lénitifs **(73)** convenables, pour amener son homme où il le voulait, c'est-à-dire, au sacrifice de ses passions, et à la réparation du mal qu'elles avaient causé qui était encore réparable. Sa judicieuse piété lui fournit nombre d'autres raisonnements auxquels le malade effrayé par sa conscience reconnut la force de la démonstration. On voit qu'il n'était pas homme à occuper son pénitent des hautes spéculations de la théologie ou des menues pratiques de dévotion. Mettant à profit le peu de temps dont le mourant pouvait disposer, il le pressa d'appeler des notaires ou l'équivalent.

Volhall parut consterné d'avoir à faire ses honteuses confidences à des gens dont la discrétion est aussi équivoque que leur bonne foi. Le sage pasteur, qui n'avait point d'idées outrées de l'humilité chrétienne, passa à un homme vieilli dans celles de l'honneur de ce bas monde, d'avoir de la répugnance à consigner dans un greffe **(74)** un monument de ses iniquités, il consentit d'écrire sous sa dictée. Il y en eut pour plusieurs heures. Le bon ecclésiastique empêcha bien que le malheureux Candide fût oublié. Pour Zénoïde, il n'eut pas besoin de son éloquence. Le cœur et l'esprit du malade étaient pleins d'elle et de ses infortunés parents.

Le cahier dûment signé, scellé, et certifié de la propre main du testateur, fut remis, en présence de témoins respectables, à l'intendant de l'armée assisté convenablement. Les notaires prirent acte du dépôt, avec la note des scelles et signatures à quoi il devait être reconnu. Ils reçurent en forme de codicille à part la déclaration du malade portant que sa dernière volonté était que l'ouverture du testament ne se fît qu'au jour anniversaire de sa sépulture, et que jusqu'à ce jour sa nièce Zénoïde fût usufruitière de tous ceux de ses biens dont la substitution masculine ne lui ôtait pas la faculté de disposer.

Après ces dispositions, il fut un peu plus tranquille, mais par l'équitable piété du curé qui voulait faire respecter la religion comme il convient, il fut jusqu'à son dernier soupir flottant entre la crainte de la justice de Dieu et l'espérance en sa miséricorde. Enfin il mourut, et aussitôt Cacambo, à la suite du vieux valet de chambre qui en avait l'ordre, partit pour le château du seigneur Warth-Adelich **(75)**.

CHAPITRE ONZIÈME

Les confidences et les événements.

Le seigneur Warth-Adelich n'était point en son château. Après sa tournée il avait été mandé en cour. **(76)** Il ne douta pas que le ressentiment de Volhall ne lui eût suscité quelque tracasserie. Mais qu'avait à craindre un homme tel que lui ? Il n'envisagea dans ce voyage à la cour que la satisfaction de rendre ses devoirs à son roi, et d'intéresser peut-être sa bienfaisance en faveur de ses malheureux sujets, qu'on égorgeait impitoyablement loin de sa vue. La fille du seigneur Zéno n'en avait pas moins trouvé dans la maison de son libérateur beaucoup plus que ne lui avait promis cet homme généreux. Outre la dame son épouse qui témoigna à la belle réfugiée toute la tendresse d'une mère, une parente qui s'était retirée chez lui depuis plusieurs années, lui offrit la meilleure amie et la plus utile confidente qu'elle eût pu se choisir elle-même.

Avec le secours de ces deux excellentes personnes, notre héroïne parvint bientôt à oublier Volhall, ses iniquités et ses fureurs. Mais rien ne pouvait affaiblir le souvenir de son cher Candide. La dame Warth-Adelich était d'une vertu austère, et un peu campagnarde, hérissée par conséquent de préjugés. Il n'y avait pas à se promettre qu'elle fût indulgente. Lui parler d'un amant, et d'un amant favorisé, c'était s'enlever son estime. Lui faire connaître cet amant, c'était s'ôter sans retour sa bienveillance, et se rendre méprisable à ses yeux.

LaFreulen (damoiselle) Von-Erfahrenheit avait vécu dans le grand monde. Elle avait eu au moins une tendre faiblesse. Sa vertu douce, sociable et compatissante, aurait suffi à cet égard pour sa conviction. Mais ce n'en était pas moins une vertu solide, et si l'inégalité des conditions n'était pas capable de l'indisposer contre les deux amants, il était indubitable que le mari de la fière et laide baronne de Thunder-ten-tronckh la révolterait contre l'aimable Candide. La Dame Warth-Adelich mettait de bonne foi sur le compte de la perversité du seigneur Volhall les mauvais traitements qu'il avait faits à sa nièce. Zénoïde pouvait avec elle garder le secret de son cœur. Mais la cousine était une demi-philosophe, qui n'admettait aucun effet sans cause occasionnelle. (77) Il fallait† lui témoigner qu'on n'avait point de confiance en elle ou hasarder de lui faire la confession, car pénétrante comme elle était, une partie l'aurait mise sur les voies du tout. Un petit événement décida Zénoïde, et la força à l'entière confidence.

Un jour qu'elle était fort occupée de cette grande affaire, on annonça à Mme la gouvernante un marchand de toile de Bilfeld† (78) qui venait tous les ans présenter sa marchandise au château. Le bon Westphalien ne parla pas beaucoup sans faire connaître de quel pays il était. Qu'on juge de la joie de Zénoïde à la vue d'un homme qui ne pouvait pas ignorer le noble nom et l'illustre maison de Thunder-ten-Tronckh, d'un homme qui avait peut-être rencontré le gendre de Mgr le baron. Elle n'eut pas de peine à faire jaser le marchand sur les beaux châteaux du vilain pays de Westphalie. Il nomma ceux qu'on y admirait encore, puis il enfila la liste de ceux qui avaient été ruinés dans la dernière guerre par les Bulgares et les Abares. Celui qui avait des portes et des fenêtres ne fut pas oublié. (79) Les dames se prirent de compassion pour tant de nobles familles qui n'avaient plus de château.

Le marchand leur dit tout ce qu'il en savait pour les attendrir davantage, et entre autres particularités bien touchantes, que la baronne Cunégonde de Thunder-ten-Tronckh héritière de cette noble maison étant sur le point d'épouser un capitaine réformé qui lui faisait sa fortune, elle était morte de froid dans les masures de son château, où elle avait voulu recevoir les visites de son futur. Zénoïde s'évanouit à l'ouïe de la nouvelle. Madame la gouvernante

---

† ouvertement
† Bilefeld

l'attribua à un excès de pitié, et fit tout l'honneur de l'accident au bon cœur de la belle réfugiée. La cousine au contraire crut qu'elle pâmait d'envie de rire, et elle se promettait de la bien gronder pour s'être ainsi exposée à étouffer par respect. L'une et l'autre lui ayant donné les secours d'usage, elle reprit ses sens. Ses yeux se rouvrirent, et il en coula des larmes en abondance, ce qui acheva de la remettre.
– Elle est donc morte, s'écria-t-elle en regardant le ciel et joignant les mains avec un mouvement convulsif.

Les deux dames bien ébahies ne surent que dire. La gouvernante n'en pensa pas plus qu'elle n'en disait. Mais la cousine soupçonnait des choses qu'il était à propos de lui cacher, se plaignit de l'excès de la chaleur du fourneau, et opina à faire prendre l'air à son amie pour dissiper les vapeurs, et en même temps elle passa avec elle dans la salle d'où elle la conduisit à sa chambre, où elle l'obligea de se mettre au lit, envoyant dire à Madame la gouvernante, ce qui la devait tranquilliser et leur procurer la liberté de s'entretenir sans être interrompues.

Zénoïde connut qu'elle était au moment d'ouvrir son cœur à son amie ou de perdre son amitié. Elle n'hésita pas sur l'alternative. La mort de Cunégonde la délivrait du plus grand reproche auquel l'exposât son amour pour Candide. La cousine ne se montra pas un censeur rigoureux. Le portrait que la tendre amante fit de son amant la disposa en faveur du Westphalien. Mais elle crut guérir celle-ci de sa passion, en lui faisant observer que ce second mariage de Cunégonde ne laissait point douter de la mort de son premier mari.

L'observation ne prit point. Zénoïde savait confusément combien la noble Westphalienne était peu scrupuleuse. Un secret pressentiment lui disait de se réjouir de n'avoir plus de rivale, et elle s'abandonna à lui, parce qu'elle souhaitait qu'il fût vrai. La complaisante cousine feignant de l'en croire, n'insista point. Mais reprit-elle, un amant qui n'a qu'une jambe...
– Ah ! Interrompit Zénoïde, qu'est-ce en amour qu'une jambe de plus ou de moins ? La cousine éclatant de rire se jeta à son cou.

— Tu as raison, ma belle amie, lui dit-elle en l'embrassant, tout est dans notre fantaisie, et nous comptons la beauté elle-même pour rien ou bien nous croyons la voir où elle n'est pas. J'ai aimé un homme parfaitement bien fait, mais dont le visage paraissait laid à tout le monde. Moi, je lui trouvais la plus belle et la plus heureuse physionomie. Mon frère s'avisa de me blâmer de l'attention que je faisais à lui. Cela m'y en fit faire davantage. Il était noble, mais d'une noblesse fort inférieure à la nôtre, et de plus, il était étranger. Mon frère se prit avec lui d'une hauteur qu'un galant homme ne pouvait pas souffrir, et que, cependant, il souffrit par égard pour moi. Mon frère fut enhardi par sa patience, et porta le mépris jusqu'à le faire maltraiter par des domestiques. Il était homme de cœur. Il partit sur le champ à Hambourg où il se fit faire une généalogie qui le mettait de pair avec mon frère. Et la pancarte à la main il vint lui présenter le cartel. (80) Mon frère fut dangereusement blessé, mon amant obligé de prendre la fuite. Il faut qu'il soit mort puisque je n'ai aucune de ses nouvelles.

Zénoïde n'écoutait plus son amie. Elle avait été frappée de l'achat d'une généalogie et son imagination travaillait sur cette découverte. La cousine étonnée de sa distraction lui en demanda le sujet, dont elle ne lui fit point mystère.

— Quoi ! lui dit-elle, vous ignoriez qu'on fabrique des généalogies comme de vieilles médailles, et cela de manière à tromper les plus fins connaisseurs ?

— Oui, sûrement répondit l'amante de Candide, si je l'avais su, j'aurais eu bien des inquiétudes de moins.

— Eh bien, ma chère, reprit la cousine, sachez qu'il y a dans l'Europe plusieurs hommes savants qui se sont voués au service des ambitieux opulents, et qui se feraient fort de trouver aux hommes les plus nouveaux la plus haute et la plus illustre noblesse. Il y en a un à Hambourg qui a pour cela un talent admirable.

Comme les deux amies en étaient là de leurs confidences, Madame la gouvernante envoya les invités à descendre pour affaire importante. La curiosité fut la plus forte, elles furent peu de moments après dans le salon, où elles trouvèrent un exprès dépêché de Copenhague par le seigneur Warth-Adelich, et porteur d'une lettre pour la fille du seigneur Zéno. La lettre du généreux gouverneur annonçait à sa belle hôtesse qu'il avait détruit heureusement les mauvais offices que Volhall avait voulu lui rendre, et que, par la protection d'un Ministre aussi bienfaisant que son auguste souverain, il avait obtenu du roi pour la fille du seigneur Zéno une pension de quatre mille écus sur les biens confisqués de son père.

Quelle délicieuse révolution pour la fidèle amante ! Avec le secours de l'indulgente cousine, elle fit faire quantité de perquisitions sur son cher Candide, et leur inutilité ne lui faisait pas perdre l'espérance. Enfin arriva au château de Warth-Adelich le vieux valet de chambre de Volhall suivi de Cacambo.

CHAPITRE DOUZIÈME

Candide est mis en liberté et va à Hambourg.

Le vieux valet était chargé d'une lettre signée de son maître qui l'avait dictée au curé, et d'un écrin de pierreries de grande valeur. Zénoïde eut la générosité de ne pas communiquer la lettre quand elle en eut fait lecture. Elle annonça à madame la gouvernante la mort de son oncle, et le retour de sa bienveillance pour elle. Puis elle se retira dans sa chambre avec la cousine qui ne lui avait jamais été si nécessaire. Elle n'avait pas fait attention à Cacambo, quoique ce fidèle domestique se fût démené de toutes façons pour en être aperçu. Mais elle ne l'avait jamais vu, et Candide en lui racontant ses aventures par fragments avait mieux peint le cœur et l'esprit du métis que sa figure.

La sensible Zénoïde se jeta sur son lit et fondit en larmes. Elle était touchée sincèrement du sort de son oncle et de son repentir. Après ce tribut payé à l'excellence de son naturel (**81**) elle s'écria douloureusement
– Ah cher Candide ! Si je vous ai perdu pour jamais de quoi me servirait ma petite fortune ? Je n'en souhaitais que pour la partager avec vous.

Pour la première fois la cousine eut à ranimer ses espérances. Elle aurait eu peine à y réussir, car selon que notre tête est montée, nous rejetons et nous recevons les possibles **(82)** avec la même opiniâtreté. Mais une femme de chambre mit fin à la petite dispute, en annonçant un demi nègre, ancien domestique du seigneur Candide, qui demandait avec importunité à paraître devant Mademoiselle. L'éclair n'est pas plus prompt que le mouvement de la tendre amante pour quitter son lit. **(83)** Elle ordonna que le demi noir fût introduit. Le fidèle Cacambo se jeta à ses pieds, pénétré de respect et d'admiration. Il n'avait jamais vu cette belle personne qui avait frappé si vivement son cher maître au cœur.

– Si vous vous intéressez encore, Madame, lui dit-il, au sort d'un infortuné gentilhomme qui ne respire que pour vous, daignez m'envoyer le tirer d'un affreux cachot où il languit. Devenu par hasard domestique du feu seigneur Volhall, j'ai eu occasion de ménager dans ses dernières heures un instant en faveur de mon cher maître, et je suis porteur de l'ordre pour lui rendre sa liberté. Mais que fera-t-il de cette liberté, ayant été absolument dépouillé, et manquant de tout ?

Il est bien difficile de fixer les sentiments de la tendre Danoise. Elle pleurait, moitié de pitié, moitié de joie.

– Mon ami, dit-elle au métis, ne vous appelez-vous pas Cacambo ? Oh bien ! C'est assez, voilà ma bourse, il y a peu de chose, mais il y a assez pour votre voyage. Puis prenant trois des plus belles bagues de l'écrin, et les lui donnant, tenez, faites de l'argent de cela où vous en trouverez l'occasion, et courez mettre votre maître en liberté. Elle se saisit d'une plume et écrivit sur un morceau de papier ce peu de mots :

Cher Candide,

*Je suis toujours la même à votre égard. Je ne puis vous exprimer le chagrin que j'ai de vos peines, et le plaisir que j'ai à les faire cesser. Mon impatience sur ce dernier point est si grande, que je me refuse à la satisfaction de vous écrire plus au long. Allez à Hambourg. Faites-vous y faire une généalogie **(84)** qui rapproche les distances que le hasard a mises entre nous, et revenez à Copenhague attendre votre,*

Zénoïde

Le papier, la bourse et les bagues furent remis à Cacambo avec un empressement qui le convainquit que son cher maître n'aimait pas plus qu'il n'était aimé. Il courut à la poste voisine **(85)** où il se fit donner des chevaux, et il vola vers la frontière.

L'heureux Candide ne s'attendait nullement à la révolution. **(86)** Convaincu et persuadé sur tous les objets de ses tristes réflexions, il n'avait que de l'impatience sur le moment qui devait finir ses misères. Il le hâtait de ses vœux avec une tranquille sérénité, qui ne laissait point soupçonner que le philosophe fût un désespéré. Cependant l'histoire ne doit point cacher qu'il répétait de temps en temps et douloureusement le nom de la belle Danoise.

– Zénoïde, chère Zénoïde ! s'écriait-il fréquemment, tu faisais mon bonheur. Je n'en veux point d'autre que celui de mourir, puisqu'il ne m'est pas permis de vivre pour toi. Sans trancher mal à propos du Tacite **(87)** l'historien dira simplement que son héros était parvenu à posséder son âme en tranquillité, au fort d'une crise que peu de philosophes modernes soutiendraient sans se démentir. Que son courage et sa fermeté fussent le fruit de sa raison ou l'effet de son erreur, peu importe. Les plus habiles seraient bien embarrassés à prouver qu'une forte illusion ne vaille pas les meilleurs raisonnements.

Supérieur à sa mauvaise fortune, le prisonnier s'était familiarisé avec l'horreur de son cachot et de ses fers, lorsque le geôlier vint à lui au commencement de la nuit et ouvrit ces ceps. Il l'aida à se lever et lui présentant la main pour s'en faire suivre hors du caveau. Il lui dit :

– Vous revenez de loin, seigneur, je vous en félicite, quoique j'y perde les dix écus **(88)** qui m'appartenaient si vous aviez été pendu comme on me le faisait espérer.

– Vous ne les perdrez pas, lui répondit Candide avec sa douceur naturelle, si jamais je les possède. Mais pour Dieu, dites-moi ce qu'on va faire de moi.

Avant la réponse du geôlier, il se retrouva dans les bras du fidèle Cacambo.

– Ah mon cher maître ! lui criait ce véritable ami transporté de joie, vous en ferez ce qu'il vous plaira. Un événement arrivé au fond de la Norvège change votre destinée.

Candide l'embrassait, comprenant très bien qu'il ne serait point pendu, et même, qu'il était libre. Mais la bonté de son cœur ne lui laissait point deviner l'accident qui le rendait à la vie et à la liberté. Partons pour Hambourg, reprit Cacambo, je vous informerai de tout dans la route. Il avait apporté un habillement complet dont il l'aida à se revêtir. Les chevaux étaient attelés à la chaise. Ils se jetèrent dedans et partirent.

CHAPITRE TREIZIÈME

Candide à Hambourg.
Curieux entretien qu'il a avec un habile généalogiste.

Cacambo n'était point un écuyer de roman. Sachant bien qu'un bon repas ferait plaisir à son cher maître, il avait mis des provisions dans la chaise, et quand il vit Candide manger de bon appétit, il se livra au plaisir de lui apprendre toutes les nouvelles qu'il ignorait. Le héros écouta avec la plus grande attention. (89) Mais il n'en comprit pas mieux les vues de Zénoïde, et l'objet de cette généalogie qu'elle lui recommandait. Le judicieux métis lassé d'observations qui troublaient leur joie commune, lui dit assez brusquement.
– Quelle rage est la vôtre d'empoisonner des moments de plaisir dont vous devriez jouir sans distraction ? Si Madame Cunégonde est morte ? ...
– Ah mon ami, répondit le naïf Candide, le ciel ne fait plus de miracles.
– Patience, reprit Cacambo, notre généalogiste nous dira ce qu'il en est.

Dès le lendemain de leur arrivée à Hambourg, Candide se mit en quête du célèbre généalogiste. Le premier libraire dans la boutique duquel il entra lui indiqua son homme, en lui présentant une douzaine d'épais volumes dont il lui donna l'auteur pour le premier géographe et le plus fort généalo-

Candide en Dannemarc 65

giste du siècle. Il acheta les livres et se retira fort content. Ayant fait demander l'heure pour le lendemain au savant, il se rendit ponctuellement à celle qui lui fut assignée. Mais il était dans la maison qu'il ne savait pas encore ce qu'il dirait à son homme, et surtout comment il débuterait avec lui : l'achat et la fabrique d'une généalogie n'entraient point dans sa tête.

Le savant le reçut avec les plus grands égards, et tout en lui prodiguant ses compliments et ses révérences, il observa sa riche taille, sa belle physionomie, et sa fausse jambe, et tira là-dessus des conjectures qu'en véritable savant il eut bien vite adopté[es] pour des vérités.

– Sans doute, Monsieur, dit-il à Candide, que vous avez dans votre généalogie quelque lacune, qui vous fait craindre le refus d'un cordon **(90)** que vous avez trop payé déjà par la perte d'une jambe ? Puisqu'on vous a adressé à moi, soyez sans inquiétude : plus le trou sera grand, et mieux je saurai le remplir.

Candide rit de l'imagination du savant, mais il ne mentait jamais. Et d'ailleurs le mensonge et la dissimulation n'allaient point avec un homme qui ne pouvait livrer de bonne marchandise qu'autant qu'on lui dirait la vérité.

– Vous êtes, Monsieur, lui répondit-il, dans une erreur qui m'est honorable, mais où je ne dois pas vous laisser pour mon propre intérêt. Il n'y a point de lacune dans ma généalogie, car je n'ai point de généalogie. Je n'ai connu ni mon père ni ma mère. **(91)** J'ai lieu de croire qu'ils avaient une généalogie, mais je ne les ai point connus. Je ne vous demande donc point leur généalogie, mais la mienne.

– Je vous entends, reprit le savant, vous êtes un enfant de l'amour, et aussi noble peut-être que les plus nobles seigneurs. Tout en vous l'annonce. **(92)** Mais êtes-vous beaucoup connu et répandu dans le monde ?

– Non. Je suis peut-être le mortel le plus ignoré de l'Europe. Ma maîtresse et un domestique qui est mon ami **(93)** sont les seules personnes instruites de ma naissance.

– Tant mieux, j'aurai bientôt fait votre affaire. Un homme tout neuf est pour nous le sujet le plus avantageux, nous le faisons venir d'où nous voulons, comme nous voulons, d'aussi haut et d'aussi loin que nous voulons. Le travail est quand nous avons à illustrer un parvenu dont le berceau est connu du petit peuple. J'en avais un sous la main, il y a quelque temps, qui ayant acheté des titres, et même des Ordres de Chevalerie, exigeait que je lui donnasse pour aïeux les premiers seigneurs d'un petit pays voisin de son pays natal. Sa raison était de notoriété publique que son père et son frère avaient vendu à pot et à pinte **(94)** dans la ville dont ils étaient de très petits bourgeois. Je suai sang et eau pour combler le fossé, pour monter et descendre avec quelque air de vraisemblance. Mon homme a été le seul content de mon travail, qu'il m'a pourtant assez mal payé. J'aurais vu indubitablement tomber sur moi la moquerie publique, s'il n'avait eu l'adresse de faire adopter l'arbre de ma composition par les gazettes. Le public hua les gazetiers, je me tins coi, il m'a laissé en repos. Pour vous Monsieur, je peux tailler en plein drap **(95)** et vous n'avez qu'à commander. Voulez-vous de la haute antiquité ? Comment vous appelez-vous ?

– Candide.

– Bon, c'est une descendance romaine.

– Quoi ! sur mon nom vous bâtiriez un ...

– Oui, Monsieur, laissez-moi faire. Il y a quelque temps qu'un homme très noble, mais qui avait acheté des titres supérieurs à sa naissance, me marqua son chagrin de ne pouvoir pas remonter plus haut dans sa généalogie que la conquête du royaume de Naples par les Normands. **(96)** Je lui offris de le faire descendre des empereurs de Constantinople. Cela ne le satisfaisait pas. Je lui proposai de lui donner pour premier aïeul un empereur romain. Cela lui plut. J'allais me mettre au travail, quand je fis attention à son nom. Aussitôt je disposai mes générations pour faire venir de l'empereur Gallien la souche de son illustre famille. **(97)** Un fil devient quelquefois pour nous un câble. Il y a des rapports qu'il n'appartient qu'à nous de saisir. Par exemple, quel champ pour un habile généalogiste, si les maisons de Biren de Courlande, et de Biron de France, voulaient avoir la même souche ! Une princesse de Russie épousa le roi de France Philippe-Auguste. **(98)** Les Birons de France veulent-ils venir de Russie ? Un Biren, qui était un des premiers officiers de la maison de la princesse, la suivit en France et s'y établit. Sont-ce les Biren de Courlande qui veulent être originaires de France ? La princesse ayant à négocier pour des allodiaux **(99)** que son frère lui disputait, choisit un homme de mérite et de qualité qu'elle envoya en Russie avec sa procuration, et cet homme de mérite et de qualité fut un baron de Biron que l'amour et la fortune fixèrent en Russie, et dont le nom s'altéra par laps de temps. L'essentiel est de bien choisir son époque et son lieu de transplantation. D'où voulez-vous être originaire ?

– Monsieur, répondit Candide, la personne que j'adore est née danoise, je souhaiterais être originaire de Danemark. Rien de plus aisé reprit le savant. Nous avons l'époque de Christian II où quantité de noblesse se déroba au tyran, en s'expatriant. **(100)** Nous avons celle de Frédéric III où plusieurs nobles brouillons et mauvais patriotes se retirèrent chez l'étranger. **(101)** Prenons la première époque, elle est honorable. Quel est le pays de votre naissance ?

– La Westphalie.

– À merveilles. Votre aïeul se retira dans l'évêché de Munster, qui fourmille d'ancienne noblesse, dont les honneurs obscurs d'un régiment sont toute d'illustration, et qui est ignorée du reste de l'Europe. Nous avons nos alliances à choisir. J'ai sur mes tablettes les noms des filles des premières maisons, dont on ne connaît que la naissance. Allez, Monsieur, donnez-moi huitaine, et revenez, j'espère que vous serez content. Le travail n'est pas petit, mais je ne rançonne pas mon monde. Cinquante ducats d'avance, et cinquante autres en vous livrant votre arbre généalogique, avec les tablettes qui en contiendront les preuves justificatives. Les frais du graveur et de l'imprimeur seront à votre charge.

Candide ne marchanda point. En payant les cinquante ducats, il demanda au savant, s'il n'avait pas de mémoires sur la noble maison de Thunder-ten-Tronckh.

– Elle est éteinte, reprit brusquement le savant. L'héritière est morte depuis peu, quelques jours avant que de célébrer son mariage qui était arrêté avec un gentilhomme du pays de Brème. (102)

On imaginera, si l'on veut, les divers sentiments que le bon et tendre Candide éprouva en réfléchissant sur l'heureux événement.

CHAPITRE QUATORZIÈME

Réunion des deux amants : leurs arrangements pour se marier solennellement.

Candide n'allait point à Copenhague avec l'allégresse d'un amant certain de rejoindre une maîtresse adorée. Le ballot de généalogie qu'il y portait était un fardeau qui lui pesait étrangement sur le cœur. Son âme noble et franche ne pouvait se plier au mensonge et à l'imposture. Tyrannique préjugé ! disait-il avec indignation : il faut donc que je te sacrifie la vertu la plus précieuse à un honnête homme !

– Vous êtes un homme singulier, mon cher maître, interrompit Cacambo, qui n'aimait pas les réflexions hors de propos. Voilà un des cas où la philosophie de Pangloss est applicable. Le monde veut être trompé. Vous le trompez, tout est au mieux. À qui faites-vous tort ? Vous irez à côté de gens qui, sans votre généalogie, vous feraient aller derrière eux. Quel mal à cela ? Car ne vous imaginez pas que votre belle généalogie vous fasse supplanter personne dans la poursuite des honneurs et des emplois.

– Ah ! dit Candide, je n'en ferai jamais un pareil usage. Qu'elle me fasse obtenir la main de Zénoïde, et je la relègue dans quelque endroit d'où je ne la tirerai jamais.

Zénoïde occupait déjà à Copenhague le magnifique hôtel du seigneur Volhall. La Madame Warth-Adelich prenant cette occasion de se réunir avec son vertueux époux, l'avait accompagnée. L'illustre famille avait fait l'honneur à son amie de venir prendre logement chez elle, et la spirituelle

Zénoïde avait fait naître adroitement l'occasion de lui faire ses confidences. Le seigneur Warth-Adelich qui soupçonnait très difficilement la sincérité des gens, crut de bonne foi que M. Canutson était un gentilhomme allemand qui avait rendu de grands services au seigneur Zéno et à la famille dans leurs derniers malheurs, et, n'ayant pas de peine à voir que la reconnaissance n'était pas le sentiment dont la belle Danoise fût le plus vivement atteinte, il regarda son mariage avec son amant comme nécessaire à son bonheur. Il prit sur soi d'en parler au ministre afin de ménager sans éclat l'agrément de Sa Majesté.

Telles étaient les dispositions du généreux protecteur lorsque notre héros lui fut présenté. Il ne vit point cette heureuse physionomie sur laquelle étaient peintes la candeur et l'honnêteté, cet air noble et modeste qui était particulier à l'heureux Westphalien, sans se sentir prévenir à son avantage, et sans désirer d'assurer promptement son bonheur. Il vit la généalogie et n'eut pas même l'idée qu'il y eût de l'imposture. Il obtint du ministre ce qu'il lui demanda en faveur des deux amants, sous condition cependant que le noble Canutson ferait les démarches convenables pour faire agréer son alliance à la famille de Zéno, devenue très nombreuse depuis que l'héritière était en état de vivre selon sa qualité.

On prétexta l'ignorance de la langue danoise, et des usages du pays, pour épargner au nouvel époux le dangereux honneur de se montrer si tôt à la cour. Tout étant arrangé de ce côté, M. Canutson, en équipage propre et leste, mais sans rien d'affecté, fit ses visites. Il fut bien reçu partout, parce que chacun était fort indifférent sur la dot d'une héritière qui n'avait que des pensions. Il laissa la généalogie dans chaque maison. Enfin mettant toute la décence imaginable dans ses visites à Zénoïde et dans sa conduite, il gagna le temps où sa fidèle amante lui pouvait donner publiquement son cœur et sa main avec bienséance.

CHAPITRE QUINZIÈME

Joie du mariage.

La généalogie de Conrad Léopold Caspar Auguste Frédéric Christian Canutson ayant eu à la vérification la plupart des caractères de vérité qu'on demande dans une généalogie en pays gentilhommier (**103**) et chapitral (**104**) la publication de ses trois bans de mariage avec Christine Valpurge Ferdinandine Hedvidge Ulrique Amélie Zénoïde Zéno von Zénoïsdorff se fit sans essuyer aucune opposition. Le ministre luthérien qui assista pour de l'argent à la célébration, ne fut point scandalisé de voir la nièce du très haut et très puissant seigneur Volhall donner la droite (**104**) à son futur mari. Et le prêtre catholique dont le religieux Candide voulut recevoir la bénédiction sacramentale ou sacramentelle, n'eut pas la moindre idée qu'il vendît son ministère à la célébration d'un mariage *dispar.* (**105**)

Cependant les seigneurs et dames de la très ancienne maison de Zéno ne jugèrent pas à propos, pour des raisons qui furent victorieuses dans une assemblée de parents, d'adopter avec éclat leur nouvel allié. Au lieu des bruyantes et fastueuses visites de ces personnes illustres suivies de leur train, M. et Mme Canutson n'eurent à recevoir que des messages obscurs de deux à trois cents laquais, dont chacun vint en chenille (**106**) et de grand matin, pendant la huitaine, remettre au portier de l'hôtel le nom de leur maître ou maîtresse.

Pour toute autre femme que Zénoïde, c'eût été là un terrible rabat-joie de noces. Mais elle était trop contente de son cher Candide, et trop semblable à la Zénoïde que le lecteur connaît, pour prendre de l'humeur sur cette demi politesse humiliante de sa famille. Au contraire elle montra de la joie d'être délivrée de l'embarras du cérémonial. Il était midi sonné, et elle ne faisait que sortir du lit. Candide seul avec elle dans son cabinet de toilette, l'aidait de son mieux à cacher un peu à ses femmes le désordre de sa belle chevelure, lorsque le portier envoya la liste des messages de cette première journée.

– Ah mon cher ! s'écria-t-elle en faisant un long éclat de rire, voilà le pauvre Gottlib hors d'une grande inquiétude. Tout savant cocher qu'il est, il aurait étrangement eu de la peine à nous faire faire nos stations (107) avec ordre devant la porte de mes orgueilleux parents, sans passer et repasser indécemment devant plusieurs ?

La jeune épouse qui sort du lit nuptial à midi, et qui fait sa première toilette avec le secours de son mari est rarement mélancolique pour ce moment. La spirituelle danoise badine sur l'heureuse étoile de son cocher. Notre complaisant Westphalien n'était pas encore homme à connaître tout le sacrifice que lui faisait sa femme. Il badina parce qu'elle badinait, et parce qu'elle voulait du badinage.

– Sérieusement, dit-elle, je suis charmée de l'indifférence où mes proches me permettent d'être à leur égard. Nous sommes dégagés envers eux de ces ridicules et gênantes politesses qui tiennent les gens de qualité dans un esclavage continuel. Nous vivrons réciproquement pour nous, mon cher Candide. Je vous tiens lieu de la plus nombreuse famille, vous en ferez autant pour moi.

Il écoutait attentivement, mais avec une distraction marquée. Les derniers mots firent sur lui la plus vive impression. Son cœur était plein et ne put contenir la reconnaissance qu'ils réveillèrent. Il interrompit la belle causeuse par une exclamation.

– Oh Pangloss ! S'écria-t-il, que vous étiez un grand philosophe, et que vous seriez joyeux si vous n'étiez pas mort !

Zénoïde se souvenait à peine du pédagogue westphalien. (108) La parole expira sur ses lèvres avec quelque dépit. Elle fixa Candide avec étonnement, et elle le vit les yeux presque entièrement cachés sous la paupière qui semblaient perdu dans les abîmes d'une joyeuse réminiscence. Son visage était animé des plus vives couleurs. Sa bouche vermeille eût rassuré sur son état l'amante la plus prompte à craindre les évanouissements.

– Non, reprit-il d'un ton d'enthousiaste, je ne douterai plus de l'optimisme. Ma condition est la meilleure des conditions possibles. (109) Je trouve très bonnes, et très nécessaires toutes les épines qui ont parsemé le chemin par où je suis arrivé à la félicité. Non, les coups de pied au cul qui me mirent hors du plus beau château de la Westphalie, (110) la promenade douloureuse au son du tambour entre des haies de soldats bulgares, (111) le zèle peu courtois des prêcheurs de la charité chrétienne en Hollande et de leurs chastes moitiés, (112) la fessée publique au chant du faux-bourdon dans un autodafé portugais, (113) le dépit d'être filouté par un moine franciscain, (114) d'être cocufié en herbe par un gouverneur espagnol à la côte des Patagons, (115) d'être frappé et méprisé par un jésuite, (116) d'être volé par un juge et par un marchand hollandais, (117) d'être trompé, dupé, trahi, vendu, livré par un abbé français, (119) le malheur d'épouser ma première maîtresse par principe d'honneur (120) et de s'ennuyer de manger des cédrats confits, (121) celui d'être malgré soi le favori d'un grand roi qui se plaît à faire donner l'estrapade (122) les douleurs d'une jambe fracassée, puis coupée, (123) les fatigues et les dégoûts d'un sérail nombreux, (124) les injustices de la cour, les incommodités de la gueuserie (125) et de l'esclavage, les gourmandes du Lapon qui se fâche de ce qu'un honnête homme ne veut pas baiser sa femme, (126) celles des philosophes anglais qui achèvent leurs démonstrations à coup de poing, (127) celles des paysans danois qui battent les gens désespérés qui dansent, (128) l'horrible prurit de la gale, (129) le hideux métier de frère servant d'hôpital (130) le rapatriement forcé avec une femme laide, libertine, jalouse et noble, (131) les arrêts dans un souterrain de corps de garde avec deux quintaux (132) de fer sur le corps ; non, rien de tout cela n'est un mal. Tout cela entrait nécessairement dans l'ordre universel, et dans le meilleur ordre des choses possibles, il fallait que j'en essuyasse la plus grande partie pour rencontrer l'incomparable Zénoïde dans les bois de la Norvège, pour oser l'aimer et pour parvenir à en être aimé. Il fallait que j'en passasse par le reste, pour me trouver dans la capitale du Danemark en un riche appartement d'un superbe hôtel, sur une ottomane (133) de velours bleu azur garni de larges crépines (134) d'argent ou dans un vaste lit de damas (135) cramoisi, entre

Candide en Dannemarc 73

les bras de cette adorable épouse. La possession tranquille de Zénoïde est la raison suffisante de tout ce que j'ai souffert, et elle la serait encore quand j'aurais souffert mille fois davantage. Ô Pangloss ! Vous aviez raison. Vous étiez un grand philosophe !

Après cette tirade ses yeux retombèrent sur Mme Canutson, qui voulait parler à son tour. Mais il n'était point du tout capable d'écouter. Se précipitant dans ses bras, l'attirant dans les siens, craignant de l'y serrer trop, et la serrant de plus en plus, il interceptait avec des baisers brûlants et sans nombre les paroles prêtes à sortir de sa belle bouche. Il rendait ses hommages à toutes les parties de son beau corps que sa main infatigable parcourait. Il soupirait, il riait, il pleurait, ses yeux dardaient des étincelles. Puis tout à coup, immobiles et ardents, ils fixaient le charmant visage avec l'expression d'un chérubin qui sentirait tout son bonheur. Il nageait dans la joie, sans chercher à la dissimuler : car il n'était pas encore un grand seigneur.

Pendant quinze jours et quinze nuits ce fut pour nos deux époux, livrés à eux-mêmes, une jouissance qui n'admettait aucune distraction. L'heureuse sobriété des premières années de leur printemps rendait inépuisable pour eux les ressources de la solide volupté. Les dangereux passetemps d'une imagination précoce n'avaient point altéré leur vigoureuse constitution, ils n'avaient point affaibli les organes, émoussé le sentiment du plaisir. Leurs corps, aussi pleins de sucs que leurs cœurs de désirs, semblaient se renouveler sans cesse pour de nouveaux transports, ils se devinaient mutuellement sur leurs désirs, parce que leurs désirs étaient les mêmes, et se succédaient avec la même rapidité. Ils se prévenaient de leurs caresses, et ils ne croyaient point être prévenus. Ils ne tombaient dans la douce langueur qui suit l'excès de plaisir, que pour se replonger plus délicieusement dans les transports qui le précèdent et dans l'ivresse qui l'accompagne.

Ô quel monde ce serait que notre monde, si pareil enchantement ne finissait qu'avec notre vie ! **(136)** Mais notre monde n'est pas le monde infini. Tout y passe. Nos enfants nous dirons si un sage oriental a dit vrai quand il a dit que tout y passe pour y revenir.

CHAPITRE SEIZIÈME

Entretien important de M. et Mme Canutson

Ce fut justement au bout de la quinzaine que madame Canutson alla à l'église et que M. Canutson fit la revue des livres de son cabinet. Les esprits vitaux **(137)** ayant cessé de fermenter outre mesure chez le philosophe rassasié de plaisirs et la sage nature économisant pour le plus noble ouvrage la surabondance des sucs chez la tendre épouse, chacun trouva une autre espèce de volupté dans le recueillement et dans ses souvenirs. De temps en temps Zenoïde venait au cabinet s'assurer par ses yeux que Candide y était encore, comme s'il eût pu n'y être pas et être ailleurs qu'auprès d'elle. Candide fut pareillement poussé plusieurs fois dans le salon par l'impulsion de la curiosité.

Avec le temps M. et Mme s'accoutumèrent à se savoir et à se croire sous le même toit. Lorsqu'ils ne furent plus heureux que comme les autres heureux, ils n'étaient plus qu'à distance de trois semaines du jour qui les menaçait de réduire leur fortune présente aux pensions que Zénoïde tenait de la munificence royale. Le feu seigneur Volhall avait fait un testament autographe, dont le contenu n'était connu que de lui seul et du curé. En le confiant à un magistrat bien scellé du sceau de ses armes en présence de témoins convenables. Il avait déclaré, comme nous l'avons dit, que sa volonté était que l'ouverture ne s'en fît que le dernier jour de l'anniversaire de sa sépulture, et que jusqu'à ce jour sa nièce Zénoïde fût usufruitière **(138)** de tous ceux de ces biens dont la substitution héréditaire lui permettait de disposer.

C'était à ce titre que l'amante de notre héros était restée dans le magnifique hôtel, tenant le même train en faisant le même fracas que le défunt. En nièce respectueuse elle avait différé son mariage avec Candide jusqu'au lendemain de l'anniversaire du décès, et le noble cadavre dispendieusement embaumé n'avait été abandonné aux vers que six semaines après qu'il eut été privé de vie. L'opinion était assez générale que le seigneur Volhall n'avait fait ce sort à sa nièce, afin de lui faire perdre par le goût de la grande opulence le goût qu'il lui reprochait pour Candide, et de la disposer à donner sa main à l'héritier que la loi lui désignait. Ce dernier, qui serait peut-être devenu un amant incommode et importun, si sa cousine était rentrée dans tous les biens du seigneur Zéno son père, avait été faiblement touché d'une dot en pensions. Indifférent sur l'objet de son choix, il s'était réjoui qu'elle en eût fait un, et il avait fait sa levée de procureurs et d'avocats prêts à chicaner Zénoïde sur le testament, s'il y avait quelques legs pour elle. Il n'était pas besoin d'une aussi forte dose de sympathie entre les deux époux pour qu'ils eussent d'eux-mêmes et en même temps, l'idée d'un avenir auquel il leur convenait de pourvoir.

Un jour qu'après un souper court et léger, tous les domestiques étant retirés, nos gens s'amusaient près d'un feu de printemps à tisonner l'un avec la tenaille, l'autre avec les pincettes, sans se dire mot. Le naïf Candide rompit ce silence tout à fait nouveau pour lui et il adressa ainsi la parole à sa femme.

– Je ne sais, Madame, si au lieu de s'efforcer d'être content dans l'adversité, en réfléchissant que l'on doit se trouver bien, précisément parce qu'on est mal, il ne serait pas plus sensé de tâcher de pénétrer, ou du moins d'entrevoir le futur possible, afin d'en diriger l'ordre à notre avantage. Qu'en pensez-vous, chère Zénoïde ? Je conçois bien qu'il y a un ordre immuable. Par exemple, si je n'avais pas été battu et pillé par les Lapons, je n'aurais point tourné mes pas vers la Norvège. Si je ne m'étais pas arrêté quelque temps avec les raisonneurs anglais qui voulurent convaincre à coup de poing, je vous aurais devancée dans la forêt, et mon bonheur serait demeuré à jamais derrière moi. Mais suivant toute apparence, je ne serais ni moins aimé, ni moins reconnaissant d'être aimé de vous, si nous avions été plus discrets dans la conduite de nos amours. Si j'avais su me dérober aux recherches de Cunégonde de Thunder-ten-Tronckh ou l'éloigner par quelque défaite honnête, si je n'avais pas été réduit à être frère servant d'hôpital, il me semble que je pouvais m'épargner ces dernières traverses sans troubler l'ordre universel.

— Brisons sur toutes ces spéculations, mon cher, repartit Zénoïde, je vois à peu près où vous en voulez venir, et en vérité vous ne prenez pas le chemin pour y arriver. Car il vous faudra aussi mettre dans l'ordre universel et nécessaire votre arrêt et votre emprisonnement sur la frontière, puisqu'il est démontré que si quelque déguisement vous avait fait tromper la diligence du prévôt, vous seriez maintenant à cultiver des pommes de terre dans quelque coin de l'aride Westphalie. Croyons, cher époux, à une providence supérieure (**139**) tant universelle que particulière, mais conduisons-nous comme si elle nous abandonnait aux lumières qu'elle nous accorda pour nous conduire. Il lui a plu de combiner une multitude d'événements bizarres pour faire de l'aimable Candide le noble Canutson. Le dernier n'est rien autre chose que le premier émancipé de curatelle (**140**) livré à lui-même et responsable à la famille dont le voilà le chef, du bon emploi des heureuses qualités qu'il a reçues de la nature.

— Oui, reprit-il, vous êtes aussi judicieuse que belle. Cet auteur de tous les êtres, ce conservateur immuable de l'harmonie qu'il a établie entre eux, cet ordonnateur infiniment sage de l'ordre universel, que j'adore même dans l'ordre particulier, quand il me paraît y mettre tout en désordre pour me tracasser, ce maître de toutes les combinaisons possibles m'a laissé ignorer le tourbillon, auquel il m'a attaché comme le ver au vaisseau qu'on jette à la mer. Par-là il semble s'être ménagé l'amusement de me voir marcher et agir comme si je le faisais à ma volonté. Il semble par-là m'avoir ménagé à moi l'orgueilleuse et consolante idée de m'approprier mes bonnes actions et de rejeter les autres sur la tyrannie d'un agent inconnu. Voilà pour la seconde fois, sage Zénoïde, que vous m'ouvrez les yeux sur ces grands objets. Pangloss était indubitablement un grand philosophe, mais c'était pour la théorie. En fait de pratique vos leçons sont infiniment plus à mon goût que les siennes.

— J'ose le croire répliqua Mme Canutson en souriant malicieusement, et je reçois du plaisir de l'aveu que vous en faites. Mais je cesserai d'aimer mon disciple, s'il s'avise jamais de me mettre en concurrence avec un autre maître que le Docteur Pangloss.

Candide n'était plus si simple qu'il ne donnât qu'un sens aux paroles. Peut-être avait-il fait déjà d'assez grands progrès pour en prêter à celles de sa femme au-delà de ce qu'elle y en mettait elle-même. En homme d'esprit il s'attacha à celui qui donnait le plus de prise, et il employa en habile homme la rhétorique des amants pour convaincre Zénoïde qu'il n'y avait aucune créature au monde capable de la balancer dans son esprit et dans son cœur. Lorsqu'il put croire raisonnablement qu'il avait réussi, il pria sa sage moitié de répondre à sa pensée qu'elle disait avoir devinée. Cette femme incomparable, qui n'avait pas le défaut de parler peu et qui le savait, craignit que le sommeil ne vînt surprendre son auditeur avant qu'elle fût au bout de sa réponse, et elle renvoya la conversation au lendemain.

L'excuse fut assaisonnée convenablement. Au mouvement d'un cordon plusieurs laquais accoururent chargés de flambeau. L'heureux couple se rendit à l'appartement qu'il aimait le mieux, quoi qu'il y raisonnât le moins. Il est bien vraisemblable qu'avant de se livrer au sommeil, M. et Mme Canutson eurent encore un petit entretien. Mais l'histoire ne s'en est point chargée, et elle passe rapidement à celui qu'on peut regarder comme le couronnement du premier.

CHAPITRE DIX-SEPTIÈME

Suite et conclusion de l'entretien précédent

Le lendemain à la même heure, et à peu près dans les mêmes dispositions que la veille, Mme Canutson remplit son engagement. Elle fit quelques petites mines, baissa un peu les yeux, rougit de même, puis regardant son cher Candide en dessous, elle commença en ces termes.

— J'espère, cher époux de mon choix, qu'étant unis par la religion et par la loi, étant sans inquiétude sur les effets très

naturels de la cause la plus naturelle, nous ne tarderons point à voir les fruits de cette union légitime.
– Je l'espère bien aussi interrompit Candide. Depuis avant-hier je suis uniquement occupé de la qualité dont je vous invite de si grand cœur et de si bonne foi à m'honorer, elle est en tête de toutes mes idées, toutes mes spéculations roulent sur [ces] devoirs et sur ce que je peux mettre du mien pour les remplir. Oh ma chère Zénoïde ! Que je suis honteux et embarrassé de mon impuissance ! Misérable que je suis ! J'ai eu cent moutons d'Eldorado dont un seul aurait suffi pour assurer une fortune brillante à la plus nombreuse famille (141), et j'ai dissipé follement ce que le ciel semblait m'avoir conservé de la charge du dernier pour rendre ma Zénoïde heureuse ! Elle a ses inquiétudes à me reprocher.
– Non répondit-elle en riant malgré qu'elle en eût de cette saillie de mémoire, non, je n'ai rien à vous reprocher. Vous savez que pour être à moi dans Copenhague, il fallait que vous vinssiez en certain endroit d'une forêt de Norvège à l'heure précise, et il y a lieu de douter que vous y eussiez été ponctuel si vous aviez tiré tout le parti possible de la charge de votre dernier mouton. Mais laissons, je vous prie, les réflexions sur un† passé qui ne peut† ni revenir ni se corriger. J'ai souhaité vous parler du futur que nous tenons pour ainsi dire en nos mains.
  Candide se tut, promettait bien d'être tout oreilles. Zénoïde continua.
– Cette qualité de chef et père de famille doit faire notre consolation, bien loin de nous donner de l'inquiétude. Elle est une ressource ménagée par le suprême dispensateur des plaisirs des humains pour resserrer entre deux époux vertueux des liens que l'habitude pourrait relâcher. Ses devoirs sont nombreux, mais l'honnête homme en fait ses plaisirs. Le premier pour gens de notre condition est de ne pas borner au don de la vie et de l'éducation l'objet de la reconnaissance de

---

†   le
†   peuvent

leurs héritiers naturels. Souche d'une nouvelle maison en Danemark, vous devez faire en sorte d'en nourrir assez heureusement les rameaux, pour que dans la postérité la plus reculée ils voient de l'honneur à réclamer leur origine. C'est faute de cette attention généreuse que votre père vous est inconnu. C'est l'impuissance de rien exécuter à cet égard qui jette dans le mépris cette multitude infinie qu'on appelle peuple, composé d'hommes à qui l'on ne compte point d'ancêtres, quoiqu'ils aient eu leurs pères, grands-pères et aïeux, comme les seigneurs les plus qualifiés.
– Ah généreuse Zénoïde ! interrompit encore le sensible Candide. Ne faites point d'efforts de raisonnement pour diminuer la distance à laquelle vous étiez de moi. Votre bonté m'a élevé jusqu'à vous, et j'en suis digne que par ma tendresse. L'on m'a appris à me connaître dans le château de Thunder-ten-Tronckh, et je serais un monstre d'orgueil si j'osais prétendre aux soixante-douze quartiers de pair avec le très noble baron mon bienfaiteur ou avec ses pareils. Qui n'admirera les profondes racines de la vanité dans le cœur des *nobles de race* ?

Madame Canutson ne tança point son mari de l'avoir interrompue. Au contraire, elle applaudit d'un signe de tête à son humble préjugé, et prenant avec lui un petit air de dignité avec un ton et mi-grave et mi-tendre, elle reprit :
– Vous êtes à présent homme de qualité, Monsieur. Pour empêcher les autres d'en douter, ce qui est très important, vous devez tâcher de vous le persuader à vous-même. Pour cet effet, cher époux, commencez par oublier vos aventures passées, dont si j'excepte votre souper de Venise **(142)** il en est peu qu'un noble chapitral **(143)** aimât à se rappeler. Je ne mets pas en compte le séjour d'Eldorado, dont vous pouvez vous souvenir comme d'un rêve agréable. **(144)** Soyez toujours Candide pour moi. Pour le reste de l'univers vous êtes le noble Canutson. Appliquez-vous à corriger, à extirper ceux de vos goûts qui sentent le roturier. Guérissez-vous de la manie de raisonner en pédant. Évitez les questions qui se décident à force de citations. L'homme de qualité ne doit se montrer qu'homme de sens et d'esprit. Il doit savoir beau-

coup, mais paraître savoir tout ce qu'il sait sans avoir jamais rien appris. Il est lui-même son auteur et son garant. (145)
— Madame, interrompit encore le disciple de Pangloss, ce que vous me demandez-là n'est pas aisé dans la pratique. Où en serai-je, bons dieux ! si en devenant homme de qualité en Danemark, je suis obligé de n'avoir point d'autre conversation que celle de mon souper de Venise. (146) Par respect, j'ai tâché de l'oublier. Mais je vous assure sur mon honneur que jusqu'à ce que Cacambo s'en mêlât, je ne fis que bâiller.
— Vos commensaux (147) de Venise ne se connaissaient pas même de nom, repartit Zénoïde. Que vouliez-vous qu'ils se disent d'intéressant ? L'homme sage a autant de plaisir à garder le silence devant les inconnus, qu'à s'épancher avec ses amis. Vous ne tarderez pas, Monsieur, à être plus habile que moi sur l'article, et à observer que cette ingénuité qui vous ferait chérir dans le pays d'Eldorado est en Europe un grand défaut, si elle n'y est pas tout à fait un vice. Tout ce que j'exige de vous avant que vous en soyez là, c'est de vous imaginer que même étant avec moi, vous êtes écouté et censuré par des critiques cachés derrière la tapisserie. Bientôt l'habitude...
— Je réponds de moi avec les autres, chère Zénoïde, mais je ne me résoudrai jamais à me montrer à vous autrement que dans mon naturel.
— J'aimerai toujours à vous y voir, dit-elle avec un sourire charmant ; mais de quelque parure que vous l'orniez, je saurai le reconnaître et y applaudir.
— J'imagine, reprit-il du même air, de m'imposer pour mon esprit le temps du négligé et celui du gala.
— Fort bien, répliqua-t-elle, je vous promets de ne vous chicaner que sur l'excès du déshabillé, et seulement pour empêcher d'empiéter au-delà du temps convenu. Peut-être que dans trois semaines toute notre fortune, cher Candide, sera sur ma tête. La perspective ne m'afflige point, elle ne doit pas vous chagriner, et nous empêcher de recevoir avec une joie vive et pure les dons de l'hyménée. Telle qu'elle est cette fortune. Elle suffit à notre ambition, parce que nous serons

ambitieux avec discernement. Mais son instabilité doit être pour vous un puissant aiguillon pour vous faire marcher avec ardeur dans la carrière qui vous est ouverte. Cette carrière est extrêmement vaste pour un homme de votre âge qui aurait eu l'éducation de votre rang. Elle est extrêmement resserrée pour vous, et ce n'est pas un malheur. Le service du roi est en Danemark une seule et même chose avec le service de l'État. Il est un centre commun auquel rendent toutes les lignes du cercle marqué pour la noblesse. Je vous connais et vous aime trop, cher époux, pour vous souhaiter l'ambition d'être sur la ligne† des armes. Votre silence sur l'accident qui vous a coûté une jambe vous vaudra peut-être un peu de la considération que cette dangereuse profession donne dans la société. Ses périls et ses honneurs seront pour nos enfants. Les gens de qualité servent encore le roi avec distinction, en représentant avec dignité et magnificence en son nom, dans les cours étrangères. Cet emploi toujours dispendieux exige, ou de grandes richesses avec un grand nom, ou des talents supérieurs. Vous n'êtes pas assez versé dans la connaissance des hommes et des affaires, pour suppléer par la capacité aux autres qualités qui vous manquent pour ce glorieux personnage. Peut-être qu'avec le temps et de l'application vous acquerrez le savoir. Alors vous serez en état de vous apprécier vous-mêmes sur le reste. J'ai entendu de feu mon père que le reste qui est compté pour très peu de chose par les savants de livre, est le principal, et que faute de l'art du courtisan qu'ils méprisent sans restriction, le plus profond politique **(148)** ne fait souvent que des sottises. Il est très honorable de servir en second sous les représentants de la mjesté du Souverain chez l'étranger. Mais l'apprentissage est long, et quand on ne devient pas un maître le service tient le serviteur dans une obscurité qui approche de l'humiliation. Je ne suis pas recevable à vous parler en plus de détail de la ligne du courtisan. J'ai été élevée loin de la cour, et pour des raisons que je vous laisse à deviner, j'ai tenu bon contre les instances que mon

---

† de la profession

oncle m'a faites de m'y laisser produire. Je me souviens que feu mon père ne faisait pas l'éloge de cette profession qui avait été la sienne sous les règnes précédents. Feu mon oncle m'a paru n'en avoir pas été plus content. Je peux juger sur quelques plaintes qui lui sont échappées que c'est une route de fortune dégradée et presque entièrement abandonnée sous ce règne. Il accusait les ministres du Roi de ne donner aux plus assidus courtisans que l'apparence de la faveur, et de réserver les fortes pensions, les grands emplois, les honneurs réels, pour le génie, les talents et l'application. Du caractère dont vous êtes, mon cher Candide, doux, complaisant et généreux, vous plairez à la cour, dès que vous saurez vous y montrer avec tous vos avantages. Le personnage de courtisan sera pour vous une espèce de surtout. **(149)**

– Je reçois l'augure avec avidité, dit Candide d'un air abattu, mais j'ai bien peur que les habits et le surtout que je tâcherai de me donner ne soient si mal taillés pour la cour et le service du Roi, qu'ils m'en fassent fermer la porte.

– Rassurez-vous, Monsieur, reprit Zénoïde, celui que j'ai aimé et estimé avec tous ses petits défauts est certain d'être aimé et estimé de tout le monde, dès qu'il n'aura plus que ses vertus et ses excellentes qualités. Travaillez, cher Candide, à accommoder les unes et les autres au goût du monde où vous vous trouvez maintenant, et je vous réponds de votre fortune. Recueillez-vous pendant quelques jours dans votre cabinet, jetez un coup d'œil attentif sur les divers départements de l'administration intérieure. Pesez avec une noble audace ce que vous pouvez mettre [de] génie et de talent dans chacun ; et d'après le conseil des amis que vous ne tarderez pas à vous acquérir, vous vous déciderez pour le département sur lequel vous sentirez que votre goût fait pencher la balance. Cet examen n'est point au-dessus des forces d'un homme qui a gouverné une vaste province de la Perse. **(150)**

– Hélas ! dit-il, il est bien vrai que j'ai gouverné avec les meilleures intentions du monde une des plus grandes provinces du royaume de Perse. Mais cela ne m'a point réussi, puisque le nombre de ceux qui se sont réjouis de ma déposition, a été beaucoup plus grand que le nombre de ceux qui m'ont regretté.

– Votre raison suffisante vous manque bien au besoin, reprit Zénoïde. Ne la voyez-vous pas dans la supériorité éternelle du nombre des méchants et des aveugles ? Vous avez présumé trop avantageusement de l'espèce humaine, parce que vous n'avez pas connu les hommes.

– Je crois que vous avez raison, repartit-il, car je me souviens d'avoir gouverné comme si les hommes étaient tels qu'ils doivent être. J'ai tâché de rendre le peuple confié à mes soins aussi heureux que je souhaitais qu'il fût, et j'entrevois maintenant qu'il faut prendre les hommes comme ils sont, et mesurer le bonheur qu'on veut leur procurer sur celui qu'ils peuvent recevoir et supporter. Je me perds en vérité dans l'étude dont j'ai besoin pour les bien connaître. J'ai beaucoup vu, mais j'ai peu réfléchi. Mon expérience (et vous savez, Madame, que j'en ai quelqu'une) m'a laissé presque aussi neuf que j'étais derrière le paravent, lorsque... (151)

Un regard de Mme Canutson accompagné d'un geste marqué des épaules, rendit muet l'imprudent discoureur. Il rougit, il pâlit, il baissa les yeux et enfin perdit toute contenance. Plus prompte que l'éclair, l'idée d'être écouté derrière la tapisserie le remplit de confusion. Il comprit que de tous ses souvenirs, celui-là était le plus déplacé vis-à-vis de sa délicate épouse. Elle vit son embarras et elle eut la générosité de ne pas en abuser.

– Ne vous plaignez point, cher Candide, lui dit-elle du ton le plus doux, ne vous plaignez point du peu de fruit que vous avez retiré de tant d'aventures sinistres ou bizarres que vous avez essuyées. L'impression s'en renouvellera à votre avantage, quand vous saurez y faire un bon commentaire. Vous avez peu réfléchi parce que vous avez senti trop vivement. L'esprit trop occupé de la fable n'en saisit pas le sens moral. Lorsque vous connaîtrez l'espèce de dissimulation que la vertu ne désavoue point, et qui consiste à maîtriser ses passions, et même ses affections et ses goûts...

– Eh ! Madame, qui me fera connaître cette vertu dont je n'ai pas la moindre idée ? Quels seront les maîtres assez indulgents pour supporter mon ignorance sur tant d'autres choses également importantes, assez généreux pour m'aider à la dissiper ?

— L'usage du monde, la lecture, le commerce familier d'un petit nombre de personnes de mérite, et votre propre discernement, voilà vos docteurs mon cher Candide. Avec leurs secours, le noble Canutson rendra sa Zénoïde aussi glorieuse qu'elle est contente d'avoir uni sa destinée à la sienne. Il la rendra l'objet de la jalousie et de l'admiration des premières dames du Danemark.

Le lecteur judicieux imagine la conclusion de ce grave et important entretien.

CHAPITRE DIX-HUITIÈME

*Comment Mme Canutson fit un bon plan
qui n'eut point d'exécution.*

L'économie de la maison de M. Canutson se sentait de l'incertitude où étaient les maîtres sur leur fortune. Le nombreux domestique **(152)** du feu Seigneur Volhall était conservé par respect, jusqu'à ce qu'on connût ses dernières volontés par son testament. Malgré les soins du fidèle Cacambo qui faisait les fonctions d'intendant, sans en avoir les privilèges, il n'y avait point d'autre économie que celle des très grands seigneurs, c'est-à-dire que tout était à peu près au pillage.

La prudente Zénoïde avait fait de profondes réflexions sur la nécessité d'une réforme. Assurée de l'aveu de son mari, elle projeta d'après la supposition que l'ouverture du testament notifiant les vues de son oncle sur le don de sa[†] main, leur inexécution la ferait déchoir de sa bienveillance et de ses bienfaits. La médiocrité se dit-elle n'est point un mal, pourvu qu'on sache s'y plier de tout point. Alors on y trouve les agréments solides que la fastueuse opulence ignore. Mes

---

[†] sa

proches m'ont mise à mon aise. Je pourrai proportionner notre dépense à notre revenu, et préférer le plaisir d'*être* à celui de *paraître*. Nous pourrons disposer de notre temps, nous ménager du loisir et des récréations, choisir notre compagnie, et n'avoir en titre d'amis que des personnes que nous jugerons dignes de notre amitié.

Ce fut de là qu'elle partit pour calculer les commodités d'une vie convenable à son rang et à sa fortune. Le nombreux domestique fut réduit à cinq hommes et trois femmes, y compris le fidèle Cacambo qui refusait de changer de condition, content de toujours servir un maître qui était son ami. L'écuyer devait être remercié, les palefreniers congédiés, l'écurie ne dut nourrir que trois animaux, savoir, deux chevaux et un cocher. Une jolie maison agréablement située dans un quartier éloigné de la cour, fut couchée en joue. (153) Enfin, de plusieurs centaines de personnes des deux sexes et de tout rang qu'elle avait eu l'occasion d'étudier à la table du magnifique hôtel, Zénoïde comptait en trouver cinq à six qui voudraient bien former avec elle et son mari une liaison d'amitié.

Elle avait la délicatesse de ne pas marquer à Candide l'emploi de sa journée. Mais elle partageait tellement la sienne entre ses devoirs grands et petits, qu'il n'y avait pas à douter que M. Canutson n'en fût anim[é] à faire une aussi sage et utile distribution de la sienne. Elle confia tout son plan au papier et le donna à son mari en le priant de l'examiner, de le corriger, et de lui rendre avec ses notes et sa ratification. Candide lut le cahier avec toute l'attention dont il était capable ; il écrivit ses notes à la marge, mais au lieu de corrections, elles étaient des formules d'approbation galante et badine qui faisait l'éloge le plus flatteur de la petite composition. L'histoire rend témoignage à Mme Canutson qu'il n'y avait ni forfanterie (154) ni mesquinerie dans son fait. Effectivement elle fit un autre plan avec autant de facilité que de loisir, lorsque des découvertes tout à fait inattendues accrurent sa fortune au point de n'avoir plus à consulter que son discernement sur sa dépense.

CHAPITRE DIX-NEUVIÈME

Comment fut reçu des intéressés le testament du feu Seigneur Volhall, et comme Candide prit tout à coup le bon air et le bon ton.

Le jour si impatiemment attendu des deux parties, dans des intentions bien différentes, arriva. Le seigneur héritier se rendit à l'hôtel, accompagné des principaux de ses proches, et suivi des avocats qui formaient son conseil. Candide et Zénoïde avec quatre personnes déjà couchées sur le livre des amis, firent les honneurs de la grande salle à l'illustre et nombreuse compagnie. Chacun étant assis ou debout comme il lui plut. Le magistrat dépositaire du testament le remit entre les mains d'un notaire royal très renommé pour son exactitude à mettre les points sur les « i » ; et Monsieur le gardenote **(155)** procéda à la lecture d'une voix haute et distincte, après la vérification des scellés et de la signature.

Vingt articles qui semblaient n'être que des préliminaires firent faire bien du mauvais sang au noble héritier. Chacun était terminé par cette apostille : *au reste, j'abandonne cette disposition à la bonne volonté de ma nièce Zénoïde.* Qu'on se figure l'étonnement, le dépit, et l'inquiétude du nouveau seigneur Volhall à l'ouïe de l'article vingt et un qui formait à lui seul tout le corps du testament. Le testateur disait :

> *Je lègue et donne à ma nièce Zénoïde et aux siens mon hôtel de Copenhague avec ma belle maison de plaisance de N. y compris leurs attenances, appartenances, meubles et effets quelconques, et en outre tous mes contrats de banque et de constitution, nommément ceux qui sont contenus dans la layette* **(156)** *cotée R. de mon grand bureau dans mon cabinet, et qui portent quatre cent mille rixdalers* **(157)** *de capital, priant ma dite nièce de ne pas faire usage des autres papiers que je fie à sa générosité, pour troubler mon héritier légal dans la succession aux biens que je crois lui être nécessaires pour soutenir le rang et le nom que je lui laisse.*

Le nouveau seigneur Volhall passa dans la chambre voisine où il se fit suivre de son conseil. Les maîtres en chicane

étaient déconcertés. Quelques-uns soupçonnèrent que Zénoïde était fille du défunt, et ils opinèrent à contester les prétentions d'une naissance ou douteuse ou clandestine. Mais un vieil avocat qui depuis quarante ans était l'artisan et le dépositaire des iniquités de la haute noblesse de Danemark, imposa silence à la cohue, et s'adressant à l'héritier consterné, il lui parla en ces termes.
– Seigneur ne retourne point dans la caverne du Cyclope (158) pour y reprendre ton chapeau. Je n'ai jamais fait les affaires du feu seigneur Volhall. Ainsi je peux en honneur et en conscience te faire part de mes conjectures. Entre les biens qui te sont laissés, il y a de riches acquisitions. Nous ignorons de quels deniers elles ont été faites. Les biens du seigneur Zéno n'ont été confisqués que dix ans ou environ après sa disgrâce. Il n'a rien paru de son riche mobilier, l'on n'a pas vu bien clair dans la note de ses bien-fonds. Cependant on sait que dans sa retraite il ne conserva aucuns débris de son ancienne opulence, et que précisément dans ce temps-là, celle du feu seigneur Volhall s'accrut considérablement. De tout cela, seigneur, il s'élève le soupçon d'un mystère qu'il ne te serait honorable ni avantageux de fouiller. Pense, si tu veux, que le défunt t'a fait une injustice, et que les grandes nobles seigneuries qu'il te laisse, ne te payent pas suffisamment l'attention généreuse que tu as eue de lui épargner ta présence pendant ses dernières années. Mon avis est que tu ailles complimenter madame Canutson, lui demander son amitié et par l'offre de la tienne mériter qu'elle se dessaisisse en tes mains, pour ton repos et l'honneur de la mémoire de son oncle, de ces dangereux papiers cotés au testament. Tu verras à loisir ce qu'ils renferment : peut-être seront-ils des couteaux à deux tranchants.

Le conseil s'étant rangé à l'opinion du doyen des chicaneurs, le seigneur Volhall repassa dans la salle. Il revit Zénoïde assise dans le même fauteuil qu'elle occupait lors de son éclipse. Elle était entourée des dames ses parents qui avaient fait cortège à son cohéritier. À peine remarquait-on une légère altération sur son visage, et le plus habile physionomiste n'aurait osé assurer qu'elle se fit violence. Les seigneurs fatiguaient monsieur Canutson de leurs politesses. Ce dernier observait le seigneur Volhall du coin de l'œil, et sans paraître distrait, il ne perdait pas un mot de son compliment à sa cousine. Déjà habile à deviner les gens, il comprit qu'avant de répondre quelque chose de positif à son parent, Zénoïde souhaitait une conférence secrète avec son mari. De l'air le plus aisé et le plus engageant, il aborda le seigneur Volhall, sans lui rien dire, il lui donna à entendre mille choses gracieuses. De politesses en politesses il le mena à se trouver engagé à dîner à l'hôtel. Ce chef-d'œuvre de l'usage du monde surprit et charma Zénoïde. Elle invita ses autres convives comme de concert avec son mari. Midi ayant sonné, la foule s'écoula et les élus passèrent dans la grande galerie.

Madame Canutson prit un autre chemin qui était celui de son appartement, où Candide ne la laissa pas longtemps seule. En moins d'une minute ils se réglèrent des intérêts que des arbitres se seraient applaudis d'avoir ajustés en un mois. On ne s'aperçut presque pas que monsieur Canutson eût disparu.

Un laquais étant venu dire à haute voix, que madame attendait la compagnie dans le salon, tout le monde y passa.
— Monsieur, dit Zénoïde à son cousin, encore une petite formalité et votre amitié avec mon mari sera indissoluble. Il veut que la mémoire de l'illustre mort nous soit également chère. Je garderai l'hôtel dont mon oncle m'a fait don, nous vous prions de recevoir celui de la maison de plaisance. Voici l'acte de cession que nous allons signer monsieur Canutson et moi. Voici le testament au pied duquel vous mettrez votre acceptation si vous le jugez à propos, et voilà que je détruis jusqu'au germe de la division entre nous et entre les nôtres.

En même temps sans attendre la réponse du seigneur Volhall, elle jeta dans un brasier allumé une laisse de papiers sur lesquels personne ne prit le change, tant son visage annonçait de générosité, de candeur et de satisfaction intérieure. Il faudrait avoir vu la superbe maison de plaisance avec ses magnifiques jardins et son vaste parc, il faudrait savoir combien les possessions de cette nature sont prisées dans le nord, pour imaginer la mesure de considération que la noble assemblée accorda à monsieur et madame Canutson. Le seigneur héritier saisit la plume avec respect, et il écrivit au revers du testament deux lignes qui lui font honneur. Un homme qui n'aurait pas connu la valeur des révérences et des compliments allemands se serait mis en tête que les actes de générosité étaient rares en Danemark. Mais aussitôt que les notaires furent congédiés, que le seigneur Volhall et le noble Canutson eurent scellé leur amitié d'une embrassade, un chacun se rendant à la représentation, parut n'avoir loué qu'un procédé digne de louange, qu'une action noble dont il s'estimait également capable. Il est bien certain que Candide et Zénoïde ne voyaient pas la chose avec d'autres yeux.

Madame Canutson avait déjà un plan vague de la vie heureuse, dans lequel il n'entrait point de former une liaison intime avec des personnes qui avaient tant de titres et de noms, et de les avoir fréquemment pour convives. Afin de se conserver la liberté, de se dérober et de se rendre quand elle le souhaiterait à l'honneur qu'elles lui faisaient, elle observa ponctuellement avec tous et chacun le plus exact cérémonial.

Outre la satisfaction infinie qu'on lui en témoigna, il lui revient encore que l'on prit le dîner pour un dîner d'apparat, que chacun se promit de n'être pas en reste, et que les festins rompant tout commerce habituel, elle put se flatter d'être toujours au mieux avec son illustre famille, en lui sacrifiant quinze ou vingt jours de l'année. Au dessert l'idée vint à Candide de faire pour les dames une petite loterie d'une quantité de babioles fort jolies que ses yeux philosophes avaient remarquées avec dépit dans son cabinet. Il osa prendre la galanterie sur son compte et présumer qu'il n'en serait point blâmé par sa femme. En quoi il ne fut pas trompé. Zénoïde fut charmée que son cher Candide prît si bien l'esprit de son état : car elle ignorait que le seigneur en gouverneur avait donné plus d'une fois ce divertissement aux beautés de son sérail. La surprise des dames fut d'autant plus agréable que l'impromptu n'était point équivoque.

Ces amusements et quelques autres qui en naissaient firent durer la table jusqu'à la nuit. On passa alors dans le grand salon, qui était éclairé d'un grand nombre de bougies rangées avec art, et dont les lumières répétées dans les glaces des trumeaux (159) multipliaient presque à l'infini la noble compagnie. L'on allait, l'on venait, à l'œil on se croyait dans la foule. Le moyen de procurer du divertissement à tant de monde le reste de la soirée ? Une jeune dame proposa de danser, et aussitôt les cors de chasse préludèrent. Ils ne tardèrent pas à être renforcés convenablement.

Ce fut un tapage digne d'une des plus nobles assemblées de l'Allemagne. On dansa quelques menuets et force contredanses (160) avec le virbel de Souabe. (161) Monsieur Canutson fut simple spectateur. Pour pirouetter soi-même et faire pirouetter sa dame autour d'une vaste salle et tout d'une haleine, les maîtres de danse exigent que le cavalier ait ses deux jambes.

En récompense notre héros brilla beaucoup dans la conduite des dames à leur carrosse par le grand escalier. Il s'empara d'elles l'une après l'autre à la porte du salon jusqu'où Zénoïde les accompagnait. Il leur donna constamment la main jusqu'au vestibule. Il resta savamment à la portière de chaque voiture jusqu'à ce que le cocher donnât son premier coup de fouet. Enfin, il fournit toujours une profonde révérence à l'instant où les chevaux enlevaient le char doré. Ce jour fut un jour dont on parla beaucoup le lendemain dans les bonnes maisons de Copenhague. Candide et Zénoïde s'étaient cruellement ennuyés.

Monsieur Canutson dont la jambe de bois trompait les yeux, ne pouvait se faire illusion sur la roideur, et il était excédé de fatigue. Mais sa tendre et judicieuse épouse le combla de louanges et de caresses. Il ne sentit plus la satisfaction du censeur chéri, qu'il souhaitait le plus de contenter, et dont le suffrage valait à ses yeux celui de tout l'univers.

CHAPITRE VINGTIÈME

Quelle vie menèrent M. et Mme Canutson dans le magnifique hôtel.

Huit jours après ce jour mémorable, il n'y eut dans Copenhague aucune maison mieux réglée que celle des Canutson. Les domestiques s'y levaient avec l'aurore, et l'astre du jour surprenait rarement les maîtres au lit. Au son d'une cloche qu'il n'était permis à personne de ne pas entendre, les uns et les autres se rendaient dans la salle, où un chapelain les attendait, un livre de prières à la main. L'homme à la fraise **(162)** lisait à peu près un quart d'heure, et il était écouté. Le plus profond silence prouvait qu'il était écouté avec respect. Chacun sortait de la salle avec moins d'empressement qu'il n'y était entré ; et il faisait connaître à son maintien que l'habitude ne lui causait ni incommodité ni dégoût.

Ce premier devoir étant rempli, les domestiques allaient où ils étaient appelés par leur état, les cuisiniers à la cuisine, les femmes et les laquais dans les appartements et les offices, les cochers et les palefreniers à l'écurie. Cacambo qui en dépit de sa couleur de suie savait se faire respecter, était d'une fécondité merveilleuse pour fournir du travail à tant de bras. Jamais une nombreuse livrée **(163)** ne connut moins l'oisiveté que sous ce phénix des intendants **(164)** venu du Tucuman en Danemark pour faire la guerre aux laquais paresseux.

Le samedi au matin après la prière, madame Canutson distribuait le blâme ou la louange suivant le rapport du noir surveillant. Elle prononçait de même le châtiment, et c'étaient des arrêts sans appel, ceux des appartements passaient aux offices, ceux des offices à l'écurie, et ceux de l'écurie étaient envoyés au jardin. La punition durait autant que monsieur Cacambo le jugeait à propos. La récidive en cas grave était punie de l'expulsion, et le mensonge était mis au nombre de ces cas graves. La pension viagère **(165)** accordée aux anciens domestiques du feu seigneur Volhall qui avaient subi la réforme, était une espèce d'assurance pour tous les autres qu'ils pouvaient vieillir sans inquiétude au service de ses légataires. Elle faisait en même temps un épouvantail bien efficace de l'expulsion. On tenait dans un des faubourgs une petite maison destinée pour les malades. Un vétéran en était le directeur. Tout y était de la propreté la plus salubre. Exactement payé et entretenu sur le pied de son engagement, chacun appréhendait de donner sujet de plainte à un intendant qui était inflexible parce qu'il ne donnait à personne sujet de se plaindre de lui. Le fidèle Cacambo gouvernait cent hommes avec autant de facilité qu'il en aurait gouverné un seul. Il y a des gens comme cela, qui ont des idées innées des sciences sur lesquelles d'autres passent leur vie inutilement. Après la prière monsieur et madame Canutson passaient dans la galerie ou au jardin, suivant le temps et la saison. Tout en se promenant, ils s'entretenaient de mille bonnes et jolies choses, ils donnaient à ce petit exercice le temps qu'ils jugeaient nécessaire pour tout arranger dans leur chambre et dans leurs cabinets. Madame se retirait dans son appartement. Monsieur dans le sien.

On leur y servait à déjeuner suivant leur goût. Zénoïde pour ordinaire mettait la dernière main à sa coiffure et à son ajustement en prenant son chocolat. **(166)** L'ouvrage était de peu de durée quand elle devait passer la journée chez elle. Les jours de cour ou de spectacle, elle en faisait à deux fois. Toujours parée de la plus élégante propreté, elle se mettait avec la première de ses femmes à un large métier de tapisserie de petit point, tandis que les autres assises à plomb et sans la moindre gêne sur des chaises à dos, piquaient à la main des cartouches du même travail. C'était l'ameublement d'hiver de quelques appartements où le damas de Lyon était répété. L'après-midi quand elle le pouvait, elle présidait par de fréquentes apparitions à divers ouvrages d'aiguilles relatifs à l'économie de la maison.

Candide qui avait contracté en Turquie et en Perse l'habitude de la pipe, prenait du café à la crème en pompant à la turque et à la persane **(167)** au moyen d'un long tube de porcelaine, la fumée du tabac filtrée et flottante à travers un vase rempli des eaux de senteur **(168)** qu'il savait les plus agréables à Zénoïde. Pendant ce temps-là, son valet de chambre mettait ses cheveux en ordre. Le philosophe se ramassait en lui-même, en regardant stupidement les tourbillons de la vapeur ondoyante que le plein repoussait vers lui. Hors de dessous la main toujours trop lente du friseur (169) il se plaçait à son bureau, reprenait ses études de la veille ou s'en donnait d'autres analogues à son plan. Il n'avait de distraction que ce qu'il aimait à en recevoir de la pipe. La grande habitude rendait purement machinales les opérations qui avaient rapport à elle. Le temps qu'elles semblaient dérober à la lecture était le mieux employé à la réflexion. Il n'y a que les experts qui sachent combien l'usage de la pipe aide aux ressorts de la mémoire et du jugement. (170) Candide était toujours surpris quand on venait lui annoncer qu'il était heure d'aller à la cour ou à table. Il se trouvait prêt pour l'un ou pour l'autre dès qu'il avait substitué un habit à sa robe. (171) S'il s'agissait d'aller dîner, il se rendait avec empressement à l'appartement de sa femme qui donnait encore quelques regards à son miroir, et en recevant les derniers avis, tous deux passaient dans le salon où ils étaient attendus de six personnes qu'ils avaient invitées, et de trois à quatre d'entre dix ou douze qui méritaient qu'on ne les invitât plus. Deux heures sonnaient. Cacambo, la serviette sous le bras, adressait la plus courte des harangues à sa maîtresse, qui prenant la main du convive le plus proche d'elle suivait le noir maître d'hôtel dans la salle, et y était suivie de la compagnie.

CHAPITRE VINGT-ET-UNIÈME

Le dîner (172)

Tout était arrangé dans la salle, comme s'il y eût été uniquement pour le plaisir des yeux. La plus riche et la plus exacte propreté, symbole unique de la véritable opulence, irritait l'appétit des convives, excité d'ailleurs par le fumet de divers mets dont un habile cuisinier étudi[ait] l'alliage. On s'asseyait sans difficulté à la place qu'on avait devant soi. On parlait peu au premier service. Mais au second, qui aurait été le dernier si l'on n'avait pas titré de troisième service le dessert, la conversation s'animait ou se renforçait.

Elle était pour ordinaire sur des sujets généraux, mais sans rien tenir de ces dissections de bel esprit pour lesquelles le fastidieux et présomptueux orateur demande silence comme un professeur de collège pour la leçon de sa classe. Celui à qui il était échu d'entamer la discussion, n'était point fâché qu'on l'interrompît, qu'on lui fît des objections, qu'on lui répliquât†, qu'on le contredît, parce qu'on ne l'en croyait pas moins habile.

Candide avait saisi promptement ce vrai ton de la bonne compagnie. Le levain de panglossisme qui fermentait chez lui à mesure que ses lumières s'étendaient, ne faisait que rendre sociable son excessive modestie. Il avait quelquefois la hardiesse de contester. Mais la justesse de son discernement, sa candeur, et sa douceur naturelle assaisonnaient tellement sa façon de disputer qu'il n'y entrait rien des airs et des tons du connaisseur. On était charmé de n'avoir pas eu raison avec lui sans coup férir. (173)

Les viandes (174) étaient levées en un clin d'œil, et leurs plats nombreux remplacés par des cristaux dont l'adroit Cacambo savait varier chaque jour les compartiments. L'œil était réjoui des diverses décorations rehaussées par la porcelaine de Saxe dont ils soutenaient les groupes. Sur le point de se fatiguer sur les vives et brillantes couleurs prodiguées par les peintres de Meissen, l'œil se reposait avec complaisance sur la teinte plus douce des fleurs et des fruits colorés par la seule nature.

Les laquais se retiraient après avoir distribué sur la table plusieurs pyramides de verres de Bohême aussi nets que le plus pur cristal de roche. Alors chacun choisissait à son gré ses voisins de droite ou de gauche (ou ceux de l'une et l'autre) pour écouter et en être écouté. Le caquet s'établissait vif sans être trop bruyant. Le bourgogne, le champagne et les muscats de la Provence et de l'Italie également à portée de tous les convives ne se présentaient point avec importunité. Personne ne buvait par complaisance. Personne ne craignait

---

†   répondit

de paraître boire par goût. On pouvait disparaître de la salle sans que cela fût remarqué, et revenir prendre sa place sans essuyer de gênantes civilités.

CHAPITRE VINGT-DEUXIÈME

L'après-dîner.

À un signal presque imperceptible que se donnaient monsieur et madame Canutson la compagnie se mettait sur ses pieds avec allégresse. Elle se partageait en pelotons comme une troupe de conjurés qui récapitulaient leur conférence et se confirmaient la promesse du secret. Les laquais, l'oreille haute dans le salon du buffet, ne manquaient point le premier bruit. Ils entraient, et s'allaient poster dans les coins de la salle à diverses distances, armés d'une aiguière soutenue d'un bassin du métal si chéris des Hollandais. Madame Canutson avait banni de son petit cérémonial familier le fastueux et maussade usage de grenouiller **(175)** en public par excès de propreté, et de vouloir avoir la bouche nette au risque de faire rendre gorge **(176)** à ses voisins. Quiconque avait besoin de gargarisme l'allait prendre en compagnie des laquais.

Quand on avait reçu à laver pour ses mains, on n'avait plus rien à faire dans la salle. Les deux battants d'une porte du fond s'ouvraient au premier pas que Zénoïde faisait vers elle en présentant sa belle main à quelqu'un de l'air le plus gracieux. On se *binait* **(176)** pour la suivre à travers une enfilade de vastes appartements terminée par un grand cabinet orné à la turque, lambrissé à la chinoise, et meublé dans le dernier goût de Paris. Chacun s'étendait avec volupté sur les sofas et demie bergères adossés aux parois. Cacambo versait dans des coupes de porcelaine de Sèv[r]e, placées avec ordre sur un cabaret **(177)** du Japon, cette liqueur mordorée† qui embaume de son parfum, et qui semblait de sa brûlante va-

---

†   mor doré

peur ajouter un nouveau luisant aux panneaux de la laque dont les cloisons étaient couvertes.

Tout en flairant, en humant cette délicieuse infusion turque (**178**) on causait nouvelles et politique, sans partialité, sans indiscrétion, du ton le plus léger on s'instruisait mutuellement de la manière d'exister qu'il plaisait à quelques graves personnages de donner à l'Europe pour cette semaine. Toujours respectueuse mais quelquefois en humeur de plaisanter, la judicieuse troupe refusait d'admirer avec les gazetiers les riens qu'ils enveloppent de pompeuses épithètes. Il n'était pas rare qu'elle traitât de jeux d'enfant les efforts de génie des Servandoni (**179**) subalternes qui ruinent quelques petites cours en gaze et en oripeaux. Une fois elle décida à la pluralité qu'il n'y a de fêtes véritablement royales que celles qui sont spectacle pour la multitude, qui jettent la joie dans toutes les classes d'un peuple nombreux, qui excitent et nourrissent l'émulation des seigneurs et des nobles, et enfin, qui témoignent de l'élévation des goûts du souverain, et du discernement de son apparente prodigalité. Avec quelque circonspection que ces sujets fussent traités, on interdisait le souvenir de leur discussion, et un doigt de marasquin (**180**) que personne n'osait refuser sous le nom que Zénoïde lui avait donné *d'élixir d'oubli*, noyait sans retour la mémoire du badinage.

Insensiblement on gagnait l'heure du spectacle. Monsieur et madame Canutson s'étaient imposé d'y aller deux fois la semaine, et comme ils étaient persuadés que des gens qui savent lire cherchent plutôt à se recréer et à se distraire qu'à s'instruire en allant à la salle de la Comédie, ils prenaient leurs jours moins sur la pièce que sur les acteurs qui devaient jouer.

Lorsque la soirée n'était point destinée au théâtre, Zénoïde lisait les parties de jeu qu'elle croyait capables d'amuser. Candide passait dans son cabinet ou dans la galerie avec ceux qui comme lui ne trouvaient point de plaisir à jouer. Après les heures qu'il donnait à Zénoïde, il n'en avait point qui lui fussent aussi agréables que ces deux ou trois, où il se livrait sans réserve, mais avec discrétion, à l'avidité d'augmenter ses connaissances et, au besoin, d'acquérir l'art de les faire valoir. Son âme se développait tout entière devant des hommes vertueux et savants. Il avait quelques fois à rougir des qualifications qu'ils donnaient aux vices et aux vicieux, mais c'était d'une honte qui l'humiliait sans l'avilir à ses propres yeux.

Si jamais il y eut homme au monde propre à rendre un métaphysicien moderne opiniâtre sur la découverte d'un septième sens, appelé savamment le sens moral, c'était assurément notre héros.[α] Son instinct pour le bien semblait universel. Mais il avait éprouvé que la nature le donne brut cet instinct si elle le donne et qu'étant fermé, ainsi que le sont ses divers objets, par le caprice ou la convenance des différentes nations, il n'est ni sûr ni invariable dans ses sensations, comme il devrait être, s'il était le sens caractéristique du genre humain. Il se déclarait donc intérieurement contre la découverte par vraie conviction. Partout où il trouvait quelques traits de morale qu'il pût s'appliquer défavorablement, il se consolait dans le manque de lumière et d'expérience, dans l'usage, dans les lois du pays, qui avaient rendu ses faux pas presque inévitables.

Ainsi muni contre le découragement, il s'excitait à reconnaître toutes les routes, à ne se laisser aucune excuse pour les écarts, à présumer avantageusement de sa raison et de ses heureuses inclinations pour l'avenir. Satisfait de ses judicieux amis, et content de soi-même, il retournait avec eux vers les dames et leur compagnie que souvent il trouvait augmentée. Un ambigu **(181)** élégant sans superfluité, et pour cet effet abandonné à forfait pour toute l'année au chef de cuisine, rassemblait dans la salle les joueurs et les raisonneurs.

Un peu après onze heures on se séparait. Monsieur et madame Canutson étaient alors rendus l'un à l'autre. Telle

---

[α] Mr. Ralph ne connaissait point encore apparemment l'excellent livre *De la Nature* que par les journaux. Avant que de le déclarer injuste ou ignorant, on doit l'attendre aux autres tomes de son histoire. *Note du traducteur.*

fut la manière de vivre des époux plusieurs mois encore après que Zénoïde eut fait présent à son cher époux d'un fils, à qui pour une parfaite ressemblance avec son père, il ne manquait que d'être venu au monde avec une jambe de bois. On ne se souvenait point à Copenhague d'avoir vu un couple plus heureux et qui méritât davantage de l'être

CHAPITRE VINGT-TROISIÈME

Comment monsieur Canutson sans y penser se fit une réputation.

La malignité n'avait point de prise sur le noble Canutson. L'envie et la jalousie étaient mises en défaut par un homme dont la vertu était sans rudesse et l'opulence sans orgueil, qui était complaisant sans bassesse et avec mesure, qui ne faisait aucune ostentation de sa dépense, qui ne paraissait rien prétendre du faste qu'il se permettait. Il ne s'élevait pas le moindre doute sur la vérité de sa généalogie, parce que tout dans sa personne et dans sa maison concourait à éloigner l'idée d'un parvenu. Étant un des riches gentilshommes du Danemark et occupant un des plus beaux hôtels de la capitale, qui est en même temps la résidence des rois, il ne lui était pas possible de rester ignoré ou éloigné de la cour.

Le seigneur Volhall le pressait si vivement de s'y laisser conduire sous ses auspices. Mais Zénoïde avait le cœur trop haut pour conseiller à son mari de se choisir un protecteur subalterne et elle l'estimait assez pour penser que les hommes de l'espèce de ce jeune seigneur n'étaient point taillés en protecteurs d'un homme tel que son Candide. Heureusement la cour était hors de la capitale pour toute la belle saison qui ne faisait que commencer. C'était une nouvelle faveur pour notre héros, à qui cela donnait le temps de se façonner pour ce nouveau monde avant que de s'y montrer.

Quand un homme sait prendre l'esprit de son état, toute sa conduite s'ajuste, pour ainsi dire, d'elle-même à la plupart des relations que lui doit donner son état. Monsieur Canutson s'était dit une fois pour toutes qu'il n'avait cessé d'être un homme isolé de la société civile, lequel ne devant rien à personne et n'attendant rien de personne, peut ne voir au monde que lui-même, et rapporter, subordonner tout à sa satisfaction particulière. Il se considérait sous toutes ses relations actuelles et possibles.

Ainsi qu'un sage et habile militaire ne connaît aucune opération de son métier, sans avoir en même temps l'idée de l'audace, de la célérité, de la force, et du sens [sang] froid qui doivent caractériser les succès glorieux, le vertueux Danois faisait entrer à peu près également dans toutes ses combinaisons son prince, sa patrie adoptive, sa femme et ses enfants. Le père et l'époux, le sujet et le citoyen, semblaient toujours opiner avec lui. En peu de jours il avait pris l'habitude de confondre ce qui lui était personnel avec ce qui lui était devenu essentiellement relatif. Il pensait avoir suffisamment pourvu à celui-là lorsqu'il n'avait rien à se reprocher sur celui-ci.

Avec cette façon de penser, il se fit en tout genre une excellente réputation. Quoiqu'il se livrât avec volupté à l'entretien des hommes lettrés et savants dont il se trouvait honoré d'avoir tous les jours quelques-uns à sa table, il ne perdait jamais de vue la nécessité que son état lui imposait de faire illusion sur l'espèce et la mesure de l'ignorance dont il cherchait à sortir. Rarement il faisait des questions.

Déjà il s'était convaincu que l'homme de savoir qu'on interroge en disciple prend, sans même s'en apercevoir, le ton de maître, se fâche d'être contredit, vient jusqu'à prendre le doute pour une insulte, et ordonne plutôt [plus tôt] qu'il ne présente ses opinions. Adroit à produire par degrés et pièce à pièce l'objet de sa curiosité, il semblait moins consulter des hommes capables de l'instruire, que réfléchir avec eux et chercher à approcher sa façon de penser de la leur sur les points dont la discussion n'était pas nouvelle pour lui. Évitant avec soin les écarts de l'imagination et les vastes spéculations sur le possible quand elles annonçaient le réformateur, il engageait ses amis à déployer plus de savoir que de subtilité. L'à-propos de ses observations excitait leur émulation. Ils aimaient à paraître savants. Faiblesse tant qu'on voudra, celle-là vaut une vertu pour la société.

Comme notre héros déroutait avec un art infini les conjectures des curieux sur sa vie passée, l'opinion s'était formée qu'il avait eu pour aïeul quelque fameux disgracié des règnes précédents, et la distance où il s'était vraisemblablement tenu du Danemark excusait le besoin qu'il avait d'éclaircissements sur quantité de détails. On se le figurait tenant de son éducation les notions du gouvernement arbitraire établi par la loi, et on n'était point surpris que des ressentiments héréditaires, l'ayant empêché d'observer un monarque qui embrassait la félicité de son peuple en toutes ses branches, il parût tout à fait étranger dans plusieurs opérations du gouvernement paternel et de l'administration patriotique. **(182)**

Les plus pénétrants s'accordaient avec les autres pour le reconnaître homme de grand sens. Ceux qui se distinguaient moins par la profondeur que par les agréments du savoir, faisaient honneur à son discernement, du cas qu'il témoignait faire de leur personne. Enfin, il passa pour un seigneur de beaucoup d'esprit, pour un véritable amateur **(183)** chez qui la modestie et la politesse étaient l'ornement d'un mérite solide. La reconnaissance de quelques-uns dont la discrète générosité avait deviné et fait cessé les petits embarras domestiques, n'avait pas été muette. L'estime qu'on eut pour lui dans ce département était accompagnée d'une sorte de respect qui le garantissait à jamais du venin de ces insectes littéraires qu'on voit darder leur sale aiguillon contre les mécènes qu'ils ne sont pas dignes d'avoir pour bienfaiteurs.

Monsieur Canutson était bien éloigné de l'altière inapplication du feu seigneur Volhall. Il n'avait pas jugé que la meilleure et la plus convenable manière de faire valoir son bien fût celle qui donne moins de soins. La constitution à rente lui parut instituée pour la sûreté des veuves et des orphelins, pour la tranquillité d'un fainéant et nullement pour la satisfaction d'un citoyen. Le désir de placer plus avantageusement à tous égards un capital d'environ 600 mille rixdalers, dont il se trouvait maître, le porta à rechercher l'amitié des plus habiles commis des bureaux de commerce, à former liaison avec plusieurs négociants de réputation, avec des agronomes (**184**) et des artistes.

Au bout de trois† à quatre mois il eut des fonds dans la plupart des grandes fabriques, et un intérêt sur les vaisseaux destinés pour les Indes. Il fut propriétaire d'un vaste terrain dans la Norvège ; et il avait pris des arrangements si judicieux pour sa culture (**185**) qu'il s'en pouvait promettre le plus heureux défrichement. Avant le retour de la cour, il était coté sur les tablettes (**186**) des ministres du roi pour sujet digne de leur estime et de la bienveillance royale. Il ne s'en doutait nullement, car il était uniquement remué dans tout ce qu'il faisait par le désir de faire tout au mieux.

Plus fidèle à son amitié pour Pangloss qu'aux leçons de Zénoïde sur la philosophie, il aimait à raisonner sur sa condition d'après le système du raisonneur westphalien, et quand il était content de soi, ce qui lui arrivait souvent, il se disait en lui-même : Pangloss, Pangloss vous aviez raison, tout est au mieux, et surtout quand nous le voulons. Votre opinion n'est point enterrée avec vous, mon cher maître. Je la soutiendrai toute ma vie et je vous en donnerai toute la gloire.

Notre héros ignorait pareillement que sortant très rarement de son hôtel, il fût fort connu dans la ville et universellement aimé du peuple. Comme il ne voyait que l'équité la plus commune dans son exactitude à payer les marchands et les livranciers (**187**) il n'imaginait pas qu'elle lui attirât la plus grande considération. Les pasteurs de plusieurs paroisses de la capitale étaient ponctuels à lui faire leur visite le samedi dans la matinée. Rien là, pour lui, d'extraordinaire, et il ne pensait pas que cela fût remarqué. La première suivante de sa femme allait fréquemment dans des quartiers éloignés du sien, elle entrait comme à la dérobée dans plusieurs maisons où étaient des malades de son sexe. Elle y restait peu, et elle en sortait comme elle y était entrée.

---

† rois

Les petits ne sont pas toujours méchants comme on le dit. Espions des grands, ils notent encore plus volontiers leurs bonnes que leurs mauvaises actions, et malgré la pieuse promesse des pasteurs, malgré les précautions de la femme de chambre, les misérables qui recevaient du soulagement par leur entremise avaient connu la main bienfaisante qui s'étendait sur eux, et ils croyaient n'être reconnaissants qu'en la faisant connaître.

Chéri à la ville, estimé à la cour, prôné par les tenants de la république des lettres, notre héros avait auprès des ministres du roi[†] la plus glorieuse recommandation, lorsque étant enhardi par Zénoïde il résolut d'aller se présenter lui-même à celui qu'il avait choisi pour en faire son protecteur. C'était l'ami du seigneur Warth-Adelich, ce patriote qui avait pacifié la Norvège en persuadant à Sa Majesté de suspendre les opérations de ses armées jusqu'au retour des commissaires, qu'il choisit pour aller sur les lieux.

CHAPITRE VINGT-QUATRIÈME

Ce que monsieur Canutson vit dans l'antichambre du premier ministre.

La juste idée que Candide s'était faite de l'autorité royale le fit entrer avec respect dans le palais où habitait son principal dépositaire. Quelle consolation pour la foule de suppliants qui était dans la première salle qu'il traversait, si elle avait su reconnaître sur son visage et dans son maintien ce sentiment dont il était pénétré ! Il était si peu avantageux **(188)** qu'il n'avait osé prendre une autre heure que celle des audiences. Il passa dans l'antichambre sur l'invitation du laquais qui, à sa vue, en avait ouvert la porte. Il n'aperçut d'abord qu'un peloton de cinq à six hommes, dont l'habillement aussi riche que le permet la pragmatique danoise, était d'une élégance recherchée jusqu'à la singularité. Les ayant salués d'une pro-

---

[†] la plus puissante et

fonde révérence, il allait se joindre à eux. Mais ces messieurs paraissant à peine avoir fait attention à son salut, continuèrent la promenade qu'ils faisaient de long en large. Au moment qu'il les abordait, le hasard voulut qu'ils lui tournassent le dos. Ses yeux parcoururent alors le vaste appartement. Il vit dix à douze personnes assises loin à loin (189) dans le plus profond silence, et qui semblaient craindre d'occuper tout entière la chaise qu'elles occupaient. Il alla modestement prendre place au milieu du plus grand intervalle et figurer avec elles. Comme il aimait à réfléchir, ses réflexions le portèrent sur les cinq à six personnes qui toussaient, mouchaient, crachaient, prenaient du tabac avec grand bruit. Ils faisaient de fréquentes glissades en marchant, ils se retournaient avec une vitesse qui rendait à l'antichambre le même service qu'un ventilateur. (190) Souvent ils s'arrêtaient tout court pour chuchoter entre eux de l'air le plus mystérieux, et, après chaque confidence, ils poussaient un bruyant éclat de rire, qu'on eût dit concerté comme un temps d'évolution militaire.

Quels sont, se demandait-il, ces messieurs si dédaigneux, si importants et si étourdis ? Il n'est pas possible qu'ils soient des parents ou des amis du ministre qu'on dit si fort, si supérieur à son rang et à la fortune. Ils se garderaient bien de le déshonorer en affichant si près de lui un caractère si opposé au sien, ils sont trop gais pour des solliciteurs, trop peu polis pour des courtisans. Ce serait ici bien pire qu'en Perse si ces insultants mortels étaient des favoris du roi. En Perse, je suis venu à la faveur en recevant les étrivières. (191) Ici on y viendrait en les méritant !

Comme il en était là de ses réflexions, il entra un négociant de sa connaissance, lequel au grand étonnement du faiseur de conjectures, prit revanche complète pour lui sur les cinq à six personnages. Lorsqu'ils s'avançaient vers lui avec force courbettes, il doubla le pas et les esquiva en leur rendant pour tout son salut qu'une glissade presque imperceptible. Il allait droit à la porte de la chambre, mais il aperçut monsieur Canutson. Aussitôt il vint à lui et lui reprocha poliment de perdre son temps dans l'antichambre. Candide brisa sur le compliment pour contenter sa curiosité.

— Depuis un quart d'heure, dit-il à monsieur Ducrédit, je m'amuse à examiner ces cinq à six messieurs. Vous paraissez les connaître, obligez-moi de m'en dire ce que vous en pouvez dire.

— Hélas ! Répondit-il en haussant les épaules, ce sont des fainéants illustres, de nobles inutiles qui viennent ici tuer deux ou trois heures de leurs journées pour aller ensuite jouer l'importance par la ville. Lorsque le ministre passera, ils lui adresseront une profonde révérence, à laquelle il n'attache aucune signification. Leur carrosse roulera à la suite du sien jusqu'au château. Là ils s'éparpilleront dans les appartements, où ils débiteront à tort et à travers les secrets du cabinet, dont ils auront eu la connaissance que vous croyez.

— Vous me soulagez d'un grand fardeau, reprit ingénument monsieur Canutson. J'appréhendais que ces messieurs [ne] fussent plus considérables, leur espèce est-elle nombreuse ?

— Toujours trop, repartit monsieur Ducrédit. Cependant, c'est à présent beaucoup moins qu'autrefois, car elle est prisée ce qu'elle vaut et ce que la font valoir les ministres. Ces derniers se partagent entre le travail et son délassement. Pour celui-là ils veulent être seuls, et pour l'autre, ils attirent près d'eux des hommes d'esprit et de mérite. Ils ne font nul compte de ces assiduités muettes, dont leurs yeux seraient fatigués, si l'inflexibilité des laquais ne tenait les pantomimes à juste distance hors de leur vue.

— C'est ainsi, dit Candide, que les bedeaux ne pouvant pas empêcher certains animaux profanes de pénétrer dans les temples, se bornent à leur fermer l'entrée du sanctuaire.

Candide, le généreux Candide, n'eut pas plutôt [plus tôt] lâché la vive épigramme qu'il se la reprocha.

Un laquais ayant mis en ce moment la tête hors de la porte de la Chambre, le négociant courut à lui, déclina son nom, et la porte lui fut ouverte. À peine eut-il laissé monsieur Canutson à sa solitude, que le peloton dirigea sa marche vers son coin, avec l'intention marquée de l'aborder. Ces messieurs le prenaient dans un bon moment, dans celui où s'accusant de les avoir traités trop durement, il était disposé à le réparer. Mais sa bonne fortune épargna cette épreuve à sa complaisance. Le même laquais reparut, accourut à lui, et lui porta respectueusement invitation de Son Excellence pour passer dans son cabinet. Il suivit le laquais. Les messieurs du peloton qui étaient à portée d'entendre le message, se plièrent en deux devant lui à son passage. Il resta encore assez dans l'antichambre pour entendre voler son nom de bouche en bouche. Le laquais lui fit traverser la chambre où étaient plusieurs personnes de sa connaissance outre Ducrédit. Il le mena droit à la porte du cabinet qui s'ouvrit au léger coup d'ongle qu'il y donna.

CHAPITRE VINGT-CINQUIÈME

Candide chez Son Excellence.

Le ministre n'avait avec lui que ses secrétaires à qui, selon toutes les apparences, il avait achevé de tailler leur besogne, puisqu'ils se retiraient. Il fit un pas vers monsieur Canutson, en lui tendant la main de l'air le plus gracieux. Celui-ci ne fut point déconcerté par la rapidité des questions que lui fit Son Excellence. Elles étaient obligeantes, et il y répondit en même temps avec la politesse la plus respectueuse et la plus aisée. Après quoi, il donna le tour le plus naturel au petit discours qu'il avait médité.

Le ministre fut charmé de la noble franchise avec laquelle il lui offrit ce qu'il pouvait avoir et acquérir de talent dans une telle partie du service de Sa Majesté, où il voudrait l'employer. Il vit avec plaisir que l'ambition de son riche et noble protégé était uniquement le désir d'être utile. L'entretien s'engagea. Sans ravaler (**192**) ni rejeter aucune des diverses manières de servir Sa Majesté, le pacifique Candide sut exposer son goût de préférence pour le travail du cabinet. Sans se parer d'un désintéressement dont la montre est une satire dans les cours, il sut faire entendre qu'il était en situation à ne jamais importuner la munificence royale, et qu'avant de s'offrir aux bienfaits de son souverain, il souhaitait de les mériter.

Enfin, il parut ne souhaiter un rang à la cour, que pour rendre à Zénoïde celui pour lequel elle était née. Le ministre prenait plaisir à approfondir tout à coup un homme qui n'avait de faux-fuyant sur rien. Assuré de son client, et certain de faire une bonne acquisition, après une conversation de demi-heure, il lui dit qu'il le présenterait le même jour au Roi, et qu'avant la nuit il aurait sa place marquée entre les serviteurs particuliers de Sa Majesté.

Monsieur Canutson sortit du Cabinet pénétré de joie et de reconnaissance. Eh quoi ! Se disait-il en repassant dans la chambre, cet homme chargé de titres, d'honneurs et d'affaires est sans le moindre effort, tel que j'ai tâché d'être quand j'étais gouverneur d'une grande province de la Perse, et tout le monde dit qu'il est tel qu'il doit être ! Les hommes de ce royaume sont cependant de la même espèce que ceux de la Perse. Zénoïde, Zénoïde ! Il faut bien se garder trop désavantageusement du genre humain par crainte d'en juger trop favorablement. Les hommes ne sont point nés loups, disait très bien le vertueux anabaptiste Jacques **(193)** et je croirais volontiers que s'ils le deviennent, c'est qu'en les traitant comme s'ils l'étaient, on les oblige à le devenir. Tel maître, tels valets. Croyons-en quelquefois Pangloss. Tout est bien, tout est au mieux. Il fallait que les Espagnols fussent des monstres dans le Mexique et dans le Pérou, pour que les peuples d'Eldorado sentissent leur félicité. **(194)** Il faut qu'en Perse la plupart de ceux qui ont la main au timon **(195)** gouvernent mal, afin que les Danois sachent ce qu'ils doivent à leurs gouverneurs. Il faut qu'en Perse les habiles et honnêtes gens qui sont à la tête des affaires soient calomniés, haïs, déposés et dépouillés, afin que les ministres du roi de Danemark tiennent compte de son estime et de sa reconnaissance.

Au bout de cette réflexion, Candide se trouva au milieu des gens d'élite qui attendaient leur audience particulière du ministre. Ils gardaient le silence à l'approche de notre héros, croyant qu'il allait parler, mais il ne parla point, ce qui accrut la haute opinion que Ducrédit avait donnée de lui. La conversation se reprit où elle en était lors de sa venue. Il s'y mêla à propos et modestement, disant peu de chose sur ce qu'il savait, et presque rien sur ce qu'il ne savait pas, ce qui est le vrai moyen de s'instruire et de paraître tout savoir. Deux heures passèrent pour lui comme un moment dans cette bonne compagnie, composée des premiers hommes de la capitale pour le génie et les talents.

À certain signal, les laquais ouvrirent les deux battants de la porte de la chambre. Les seigneurs de l'antichambre dont le nombre était grossi, entrèrent d'un air triomphant. Mais ils ne furent pas plus tôt dans la chambre que, changeant totalement de visage et de maintien, ils se serrèrent en haie, la tête haute, les yeux baissés, et immobiles sur leurs pieds comme des statues. Le ministre sortit du cabinet. Il salua à droite et à gauche dans la chambre, et prenant monsieur Canutson par la main, il lui abandonna la sienne jusques dans l'antichambre, en lui disant de l'accompagner au château.

Son excellence reçut avec un grand air de bonté mêlé d'intérêt les requêtes qu'un chacun vint lui présenter. Elle jetait les yeux sur le bordereau **(196)** et mettait ces papiers dans ses poches avec quelque distinction. Il lui en fut donné une par une jeune femme toute charmante qui croyant que sa reconnaissance serait de quelque poids, se hasarda à parler en faveur du suppliant. Ce qu'elle dit ayant rappelé au ministre l'objet de la supplique, il lui rendit le placet. **(197)**
– J'aurais plaisir, lui dit-il, à vous obliger, mais ce ne saurait être en chose injuste. La place que vous demandez est occupée par un honnête homme, et la survivance en est promise à un autre qui en est également digne.

Honteuse et contente, la jeune solliciteuse reprit sa requête, et se retira. Tous ceux qui étaient venus pour l'audience ayant été expédiés, son Excellence se rendit au château. Monsieur Canutson eut son carrosse le premier de la suite. Il fut en même temps que son protecteur dans l'appartement de Sa Majesté.

CHAPITRE VINGT-SIXIÈME

Comme Candide rencontre Martin chez le Roi et le perd.

Rien n'étonna plus monsieur Canutson chez le Roi. Il y voyait en grand ce qu'il avait vu en petit chez le ministre. Messieurs du peloton n'avaient pas encore publié **(197)** leurs découvertes, et quand Sa Majesté lui eut fait l'honneur de recevoir ses hommages avec distinction, il était bien capable de soutenir avec distinction, sans embarras toute l'estime que la cour voudrait faire de lui.

En parcourant les figures les plus marquées, il se fixa sur une qu'on pouvait prendre pour celle de l'indifférence elle-même. L'homme dont elle couronnait le colosse était bien couvert, mais mal habillé, sans paraître se soucier ni de l'un ni de l'autre, il voyait parce qu'il avait des yeux, mais il ne regardait rien, ou regardait tout du même œil sans plaisir et sans intérêt. Il était isolé entre les tourbillons qui se heurtaient continuellement en allant et venant dans la[†] vaste antichambre.

Comme il ne faisait attention à personne, personne ne faisait attention à lui, à quoi on pouvait connaître qu'il n'était plus étranger à la cour. Ayant rencontré par hasard les yeux de Candide qui le fixaient avec avidité, il parut s'animer. S'étant frappé le front du plat de la main, il fit quelques pas vers notre héros, dont aussitôt les idées se débrouillèrent. Les deux figures si différentes s'approchèrent, se joignirent et se baisèrent, au grand étonnement de ceux qui le remarquèrent.

– O mon cher Martin **(198)** ô mon ami, mon frère ! J'ai donc la satisfaction de vous embrasser ! Il ne manque plus rien à mon bonheur, puisque je dois renoncer à voir Pangloss que j'ai vu mourir de ces deux yeux. Cunégonde m'avait bien dit que vous étiez du voyage. Mais je vous croyais noyé.

– Il n'en est rien comme vous voyez, dit Martin de son ton ordinaire.

---

† le

– Ô mon cher philosophe ! Comment vivez-vous à Copenhague ? Depuis quand y êtes-vous ? Qu'y faites-vous ? Aurais-je la joie que votre étoile eût laissé à mon amitié quelque chose à faire pour votre bien-être ?
– Non, pas pour le présent, répondit Martin, mais cela pourra venir.
– Oh ! reprit Candide, si votre sort n'est pas assuré, n'hésitez pas mon ami, à vous reposer entièrement de lui sur moi. Je puis faire celui d'un philosophe tel que vous, et à sa volonté et à l'abri de tout événement,
– Je ne crois ni l'un ni l'autre.
– Pourquoi donc ? Est-ce que vous doutez de mon amitié ?
– Non, mais je doute de moi et j'ai droit de douter de votre pouvoir. Puis-je répondre que je voudrai demain ce qu'il m'aura plu de vouloir aujourd'hui ? Et vous, pouvez-vous tout ce que je pourrai souhaiter que vous fassiez pour moi ?
– Mon cher ami, je sais que vous ne vous formez point de désirs insensés, et vous serez à souhait, lorsque je vous aurai assuré par contrat une honnête indépendance pour le reste de vos jours.
– Assuré ! Cela n'est pas possible.
– Pourquoi ?
– Parce que le diable qui peut m'enlever les bienfaits d'un monarque bienfaisant, peut à plus forte raison me priver un jour de vos dons. Laissons-lui ses coudées franches, c'est le moyen de lui donner moins de prise sur nous.
– Quoi ! Judicieux Martin, vous avez cessé d'être malheureux, et vous n'avez pas cessé d'être manichéen ? **(199)**
– Je ne vois pas la conséquence de l'un à l'autre. Le mauvais principe s'est endormi et je m'en trouve bien. Mais il me retrouvera à son réveil, et me fera payer la surprise.
– Votre mauvais ange est dans votre imagination, mon cher ami, vous empoisonnez vous-même votre bien-être par vos frayeurs.
– Je suis prudent et ne suis point poltron, je me précautionne et ne m'épouvante pas.
– Nous ne sommes pas faits pour lire dans l'avenir, mais bien pour jouir du présent.

– Vous dites d'or. Ajoutez qu'il faut jouir comme ne possédant pas, et vous aurez ma véritable philosophie. Les deux principes se chamaillent, les pauvres humains abandonnés au vainqueur souffrent du chamaillis **(200)** à peu près également, en attendant que le sort décide de la victoire. Il vient d'être démontré que pendant que les coups se donnent et se rendent, pendant que les deux anges tiraillent à forces égales, c'est même mesure de crainte et d'espérance, de plaisir et de douleur, pour les créatures soumises à cette influence. Partez de là, et cherchez ce qu'il en est de nous quand le battu devient le battant, puis est rebattu avant que de rebattre. Au reste, je n'ai point la rage de l'esprit convertisseur. Mon système est à moi. Je ne le chéris que pour moi.

Candide se sentait fort de raisons. Il aimait sincèrement le sauvage philosophe. Il aurait voulu le convaincre et le persuader, et il disposait contre son opinion toutes les batteries que la religion tient en magasin. Mais la place n'était pas tenable. L'huissier de la chambre appelant à haute voix le noble Canutson, notre héros dut voler à lui et remettre la dispute à une autre fois. Il n'eut le temps que de dire à Martin de l'attendre, et qu'il allait le rejoindre incessamment, sans pouvoir attendre sa réponse, il marcha où il était appelé. Convaincu et persuadé de l'existence d'un principe souverainement bon à sa manière, qui est au-dessus de notre intelligence, il entra dans la chambre du Roi comme dans le sanctuaire où résidait le représentant de cet être suprême et son instrument principal de la félicité des mortels ici-bas.

Que de respect, que de sincérité dans l'hommage qu'il rendit à son prince ! De quelle tendresse son cœur vertueux et reconnaissant ne fut-il pas pénétré pour la personne du monarque qui lui laissa voir un maître impatient d'être un rémunérateur. Il dit peu de paroles. Mais l'expression de ses yeux et de son visage en donnaient plus à entendre que la plus belle harangue.

Étant sorti du cabinet de Sa Majesté, il n'avait rien qui le pressât tant que de se mettre à l'aise par la confidence de sa joie et de ses espérances. Il était dans ces moments si chers à l'ambition vertueuse, où elle voit jusqu'à perte de vue le chemin de l'honneur et de la gloire. Il chercha des yeux le philosophe Martin et ne le rencontra point. À un instant de là un jeune seigneur, neveu de ministre, vint lui dire que son Excellence l'avait mis du nombre de ses convives à dîner, et il lui offrit une place dans son carrosse. Le reste de la journée ne fut plus à lui. Il ne put rentrer à l'hôtel avant huit heures du soir. Mais il y rentra avec les brevets et lettres de Chambellan honoraire (201) de Sa Majesté et son conseiller-actuel-intime aux Conseils du Commerce, des Domaines et des Finances. Il se fit annoncer à Zénoïde par Cacambo le courtisan et l'homme d'État du jour.

On ne dira point avec quel empressement il lui fit le rapport de sa journée, avec quelle avidité il fut écouté, avec quelle profusion il fut loué. Tout d'un coup cet époux qu'elle aimait uniquement avait rapproché les distances que la naissance et la fortune avaient mises entre eux. Bien loin que désormais elle fût humiliée en se rappelant la route tortueuse qu'il avait tenue pour arriver jusqu'à elle, sa vanité se trouvait flattée d'avoir su discerner qu'il était digne d'être reçu dans la meilleure, car, tout ingénu que s'est montré notre héros, plus prudent que son historien, il avait su taire telle et telle hideuse aventure, et, à l'entendre, on était forcé d'avouer que la fortune avait tout fait dans le bizarre assemblage de toutes.

CHAPITRE VINGT-SEPTIÈME

Comment Monsieur Canutson fut trompé sur un philosophe singulier qu'il croyait être Martin.

Plusieurs jours se passèrent sans que Candide eût nouvelles du philosophe hollandais. Il en était surpris, dépité même. Il croyait de bonne foi qu'il lui tardât d'être généreux envers son ami. Mais sans qu'il s'en aperçût, il lui tardait bien davantage de l'avoir pour témoin de son opulence. Rien de plus aisé que de ne tirer aucune vanité de sa fortune vis-à-vis de ceux qui ignorent que nous sommes des parvenus. Rien de plus difficile que cette équité raisonnée avec ceux qui ont connu nos disgrâces ou notre obscurité, et qui peuvent mesurer la grandeur du saut que nous avons fait. On se dit machinalement que ces derniers nous feront honneur de nos succès, et que leur étonnement mêlé d'admiration n'ira point sans une sorte de vénération personnelle.

Le noble Canutson ne se rappelait qu'il avait oublié de donner son adresse à Martin, et que cet indifférent mortel n'était point accessible à la curiosité qui aurait excité tout autre que lui à des informations. Aussi eut-il tout le temps d'oublier le philosophe hollandais avant que celui-ci eût l'idée de le chercher.

Un jour que le caquet était plus nombreux et plus bruyant dans le cabinet chinois de l'hôtel, il entendit débiter entre les nouvelles de la ville plusieurs particularités sur le compte d'un homme singulier qui lui rappela Martin, et qu'il prit bientôt pour Martin lui-même.

C'est un étranger, disait-on, qui a été persécuté en plusieurs pays par les ecclésiastiques. Il parle peu, si on ne le presse par des questions accumulées. Il médite beaucoup, et il écrit encore davantage. Ce qu'on peut juger de lui avec certitude, c'est qu'il a beaucoup d'esprit, de caprice et d'opiniâtreté. Il est un composé des disparates **(202)** les plus frappantes, et il paraît ne pas le sentir. Il fuit la compagnie, et il fréquente les promenades publiques, les lieux d'assemblée. Il est assidu au spectacle qu'il aime, et blâme le goût du spectacle. Il se pique d'être savant, et il décrie le savoir. Il cultive les arts, et il les méprise. Il ne fait aucun cas de l'argent, et on dirait que la jalousie le dévore sur ceux qui en ont et qui s'en servent. Il ne veut manger que de la salade et les fruits, et il gémit de ce que les gueux n'ont pas à manger des perdrix et des ortolans. Il se croit obligé de vivre de son travail, et il plaint ceux qui sont obligés de travailler pour vivre. Il raisonne profondément sur ce qui lui semble impossible, et il se chagrine de ce que cet impossible n'existe point. Il dédaigne de considérer le monde comme il est, et il s'afflige de ce qu'il n'est pas autrement. Il ne parle que de la faiblesse de l'entendement humain, et veut avoir toujours raison. Enfin sa bizarrerie se répand sur tout. Il se dit dans l'indigence, et il s'offense des secours qu'on lui offre. Il se dit dans le malheur, et il se refuse aux moyens les plus faciles de n'y être plus.

Monsieur Canutson ne laissa point pénétrer qu'il connût un homme à qui tous ces travers pussent aller. C'était autant par égard pour son ami que pour soi-même. Mais il aurait juré qu'il devinait l'original. Il était déjà de l'opinion de ceux qui font marcher la conscience avant le raisonnement, et qui pensent qu'il n'y a point d'absurdité que ne puisse loger une tête assez dérangée pour vouloir comprendre la divinité. Un sage de la trempe de Martin, se disait-il, n'a qu'un pas à faire pour devenir un fou de première classe. Le savoir n'est bientôt chez lui qu'une fièvre d'esprit qui tient son cerveau dans un transport continuel, et sa raison perpétuellement en conflit avec le sentiment.

Ayant pris sans affectation les indications du repaire du sauvage lettré, il ne remit pas plus loin qu'au lendemain matin à l'y aller relancer (203) et surprendre. Il laissa son carrosse au détour de la rue, et il se présenta sans suite à la porte du logis, assiégé par la populace curieuse comme la baraque où l'on tient un animal extraordinaire. Les gens de la maison ne se méprirent point à l'air du héros, malgré la simplicité de son habillement. Ils le reconnurent pour un homme de distinction, et l'hôte offrit de le conduire à l'appartement de l'étranger, quoiqu'il en eût reçu défense d'introduire personne.

Monsieur Canutson fut arrêté au repos de l'escalier par le son d'un clavecin dont ses oreilles furent frappées. (204) Martin, se dit-il, aurait-il appris la musique au service d'un pacha turc ? Pour s'y être pris si tard, il a bien réussi. Cette musique n'est ni sauvage ni turque. Aux répétitions il put distinguer que son homme composait. Tantôt c'était une touche timide et mal assurée, qui tâtait le sens intérieur qui répond au sens de l'ouïe, tantôt c'était la touche rapide et brillante d'un maître qui a trouvé l'expression de sa pensée. Toujours dans sa prévention sur le philosophe hollandais, Monsieur le Chambellan Conseiller du Roi ouvre brusquement la porte, et court les bras ouverts à l'homme qu'il se figurait son ami.

Il est plus aisé d'imaginer que de peindre sa surprise à la vue d'un étranger vêtu à l'oriental assez ridiculement, mais qui n'avait rien du tout de l'extérieur du philosophe Martin. Il resta quelques moments immobile, dans l'attitude d'un homme prêt à embrasser son ami.

L'étranger ne put méconnaître qu'il y avait eu erreur dans la brusque irruption. Il prévint monsieur Canutson avec la politesse la plus insinuante sur les excuses qu'il lui voudrait faire, et il le conduisit à un fauteuil.

CHAPITRE VINGT-HUITIÈME

Entretien curieux de monsieur Canutson
avec le très singulier philosophe Jean-Jacques.

Monsieur Canutson revint à soi en contemplant l'étranger, et il l'écouta avec plaisir. Le son de sa voix était doux, le ton en était affectueux. Il parlait français, et notre héros savait assez de cette langue pour distinguer qu'il la parlait avec autant de pureté que de facilité. Enfin, il lui répondit.

— Ma visite doit toujours vous paraître une importunité. Le hasard qui me procure de vous surprendre dans un moment d'amusement ne fait que vous rendre mon indiscrétion plus supportable.

L'inconnu fronça le sourcil au mot d'amusement, puis il répondit avec un sourire forcé.

— Tout ce à quoi je donne du temps est pour moi une occupation. Je crois indigne d'un animal qui pense de chercher à s'amuser. Ainsi, monsieur, ce n'est pas mon genre d'occupation qui ôte à la visite dont vous m'honorez ce qu'il vous plaît d'appeler importunité. Elle me doit flatter puisque vous avez cru la donner à un de vos amis et elle me fait plaisir en ce qu'elle me procure l'entretien d'un homme de mérite. Je faisais quelques corrections et additions à un petit opéra qui a été fort applaudi à Paris.

— Je vous félicite, dit Candide, de savoir ne pas vous refuser à cette agréable occupation.

– L'invention des opérettes est une des plus jolies du siècle. C'est à mon gré la seule musique qui soit convenable à l'action du théâtre. Les Français ont très judicieusement saisi cette espèce de comédie et quoiqu'ils n'aient fait que suivre les Italiens, ils ont mieux réussi que les inventeurs. Il est vrai, répartit l'inconnu, mais il manque toujours aux Français une musique. Leur génie et leur langue la leur refusent, on ne saurait corriger à cet égard ni l'un ni l'autre. **(204)**
– Ce n'est donc pas un petit opéra français que vous retouchiez, dit Candide avec embarras ?
– Je vous demande pardon, reprit l'inconnu, et même l'addition que j'y ai faite est d'une harmonie charmante. Monsieur le Chambellan ne crut pas que le philosophe musicien lui parlât sérieusement.
– Vous m'étonnez, lui dit-il en riant, il manquait à l'ami que je croyais trouver ici de savoir ajouter rien à rien, et de deux riens faire quelque chose. Mais il avait avec vous des ressemblances qui ont occasionné mon erreur. Il avait été persécuté de quelques ecclésiastiques, et l'on m'a dit que vous avez eu à souffrir du zèle de ces messieurs.
– Ah ! Il n'a pas eu comme moi contre lui le clergé de toutes les communions chrétiennes. Cela m'était réservé.
– Cela est fâcheux, dit monsieur Canutson. Quoique j'aie été volé par un moine espagnol, trahi par un abbé français, outragé par un jésuite allemand, cruellement traité par un prélat portugais, et lâchement abandonné à la calomnie par un général d'ordre de religieux orientaux, cependant j'honore le clergé de toutes les religions et je plains sincèrement ceux qui ont le malheur de se l'attirer à dos. Mais mon respect pour lui ne va pas jusqu'à refuser mon secours à un innocent qu'il opprimerait par prévention.
L'inconnu s'anima, il se leva de sa chaise avec vivacité.
– Certainement, l'innocence est opprimée en ma personne, dit-il, ou bien, il y aura une loi que j'ignore par laquelle il sera défendu à un chacun de penser et de croire à sa manière. **(205)**
Monsieur Canutson soupçonna que son homme ne lui disait pas tout et qu'il était en théologie une espèce de Pan-

gloss, prêt à se faire pendre ou brûler plutôt que de se taire sur son système. Voulant le voir se découvrir lui-même, il lui répondit avec l'air et le ton de la bonne foi qu'il n'avait pas ouï parler d'une pareille loi en Danemark, que son opinion était que, ainsi que la manière de voir dépend de l'organisation du sens de la vue, la manière de parler dépend du tour d'esprit qui règle pareillement la manière de croire.

– Eh bien ! Monsieur, parce que j'ai fait part de mes doutes au public, parce que j'ai publié ce que je pensais et croyais à ma manière, les ecclésiastiques se sont déchaînés contre moi, et ils ont tant cabalé, intrigué, qu'ils m'ont fait proscrire, même dans les pays où il y a le plus de liberté. (206)

– Vous pouvez être innocent, répartit monsieur Canutson avec gravité, mais vous aurez peine à passer pour tel. Car penser et croire, ou publier ce qu'on pense et ce qu'on croit n'est pas la même chose.

– Pure distinction de théologien !

– Je vous demande pardon si j'en juge autrement. Je passerai, par exemple, et je croirai devoir passer à tout homme de voir comme il pourra le travail de nos fabriques royales. Mais si quelqu'un a sa manière de voir qui lui soit particulière, et qui ne soit pas à l'avantage de nos artistes et artisans, s'il s'avise en la publiant de décréditer les ouvrages de nos manufactures, je ne pourrai me dispenser d'opiner à ce qu'il soit châtié de son indiscrétion, il ne lui est permis de voir à sa manière que pour lui seul. Mais peut-être que vous êtes vous-même ecclésiastique et obligé par état à enseigner

– Dieu m'en préserve !

– Vous avez donc succombé à la tentation de dogmatiser ? Elle est souvent victorieuse chez vous autres messieurs les savants.

– Je ne vous suis pas connu, Monsieur. Plutôt perdre l'usage de ma langue que de jamais dogmatiser. Mes ennemis m'ont bien accusé de l'avoir fait, mais ce sont des calomniateurs insignes. J'ai publié un livre, voilà tout. Passez-moi d'avoir ignoré jusqu'à ce moment qu'en bon français, l'auteur d'un livre dogmatique ne dogmatise pas. Sans doute que nos dictionnaires sont dans l'erreur. J'ai donné au public un plan

d'éducation complète. **(207)** Sur ce qui touche la religion, je n'ai guère mené mon élève au-delà de la religion naturelle. **(208)** Est-ce à moi de le conduire plus loin ?
– Non, sans doute, et votre plan est complet si vous l'avez destiné aux sauvages de l'Amérique. Quand ces hommes féroces sont formés à l'humanité, ils sont préparés suffisamment pour les instructions des missionnaires chrétiens.
– Les ecclésiastiques en contradiction avec eux-mêmes m'ont demandé de quoi je me mêlais.
– Ils ont eu tort. Tout homme de lettres et honnête homme est à louer et à estimer s'il ne borne pas son service à celui de son pays. Sa Majesté danoise qui n'a que deux petites îles en Amérique **(209)** ne laissera pas que de vous tenir compte de votre travail. Ce monarque bienfaiteur de son peuple, voudrait l'être de tout le genre humain, et il saisira avec joie l'occasion d'être en même temps le vôtre et celui des hommes de l'autre hémisphère.
– Vous ne m'avez pas compris, Monsieur, si je ne désire rien des princes et des grands.

L'inconnu se recueillit en lui-même, et Candide n'eut pas besoin d'en faire autant pour le juger un fou singulier. Mais il ne devinait pas encore à quel homme il avait affaire. Il n'avait point d'idée d'un auteur de profession, d'un homme qui fait métier d'écrire et de publier des livres.
– Je suis homme, reprit l'étranger, je cherche des hommes. Je m'imagine que j'en trouverai en Amérique, et je suis venu chercher ici le vaisseau qui me fera passer dans un autre monde. Je ne peux plus souffrir celui-ci. **(210)**
– Partout où vous irez, lui répartit Candide en souriant, vous risquez fort de trouver tout au plus mal, si vous ne paraissez pas y voir tout au mieux.
– Hé Monsieur ! Peut-on voir les choses en Europe comme elles doivent être ? Cependant on y décrète ma personne, on m'oblige à m'en bannir pour n'avoir pas eu ce coup d'œil impossible.
– Ayant cette manière de voir, vous devez vous trouver fort désagréablement en Europe, et vous devez vous en éloigner sans peine.

– Autre chose est de penser, autre chose est de sentir. Je pense avec douleur aux misères de l'homme en société, mais pour cela je ne les échangerai[s] pas volontiers contre le bonheur de l'homme sauvage. Je pense à passer en Amérique. Il y a cent à parier contre un que je n'y passerai pas. Cependant je suis outré, désespéré de voir que dans ce monde policé, l'homme soit dégradé, avili, chargé d'un joug peu fait pour des animaux raisonnables. **(211)**
– Mais le bien de la société exige qu'il y ait divers étages de conditions, et quand le gouvernement...
– Ne me parlez pas de gouvernement. Peu d'hommes ont été aussi loin que moi dans cette carrière. Je n'ai eu en vue que le bonheur des peuples, et cela m'a attiré une seconde proscription.
– Pardon, Monsieur, de vous avoir soupçonné d'être un prédicant. Je ne suis donc pas le seul gouverneur de province qui se soit trouvé mal de vouloir trop bien gouverner. Puisque vous êtes homme d'État, vous aurez bientôt reconnu parmi nous que tout peut être au mieux, sans que tout soit bien. Moi qui ai été en Eldorado, je ne regrette presque point cet heureux pays à Copenhague. Je me suis convaincu qu'en voulant que tout fût bien dans mon gouvernement, je m'y prenais mal pour y mettre tout au mieux. Je suis bien sûr que la France ne vaut pas Eldorado, et je doute que la province dont vous avez été gouverneur ait des hommes autrement faits que ceux dont le gouvernement me fut confié.
– Pour cette fois, interrompit l'étranger, c'est moi, Monsieur, qui ne vous comprends pas. Je n'ai point été gouverneur de province et je ne suis point homme d'État. J'ai été un des plus pauvres bourgeois d'une ville qui est un des plus petits états de l'univers **(212)** à présent je ne suis plus rien.
– J'ai cru que vous m'aviez dit que dans la carrière du gouvernement vous aviez été aussi loin que ceux qui y ont le plus avancé.
– Il est vrai, Monsieur, mais c'est dans mes écrits que j'ai fait tant de chemin. Dans le dernier que j'ai publié, j'ai approfondi le droit politique, et j'ai donné solution des plus grandes questions du gouvernement.

– Ceux qui gouvernent vous avaient sans doute commandé cet ouvrage ?
– Bien loin de là, ils m'ont accusé d'y détruire tous les gouvernements, et cela parce que je fronde tous ceux qui existent, et que je ne passe aux chefs aucune sottise.
– Si vous aviez fait don d'un exemplaire à chacun de ceux qui gouvernent, et brûlé le reste de l'édition, vous n'auriez été qu'un homme hardi. Mais je ne crois pas que vous ayez consulté votre amour pour le genre humain, en rendant publique cette critique des gouvernements connus. Simple particulier, incapable de remédier aux maux ou aux abus que vous avez découverts, qu'avez-vous fait autre chose qu'augmenter en ceux qui sont condamnés à obéir le sentiment de leurs misères ? Que penseriez-vous du dévot qui visitant les hôpitaux par principe de piété, ferait effort d'esprit et d'éloquence pour décrier dans l'esprit des malades les médecins qui les traitent, et les remèdes qui leur sont administrés ? Les sciences s'écartent de leur objet principal, quand elles troublent la société qu'elles doivent éclairer pour son bonheur.
– Ah ! quelle fausse idée vous vous êtes faite de ces affreux poisons de toute société.

CHAPITRE VINGT-NEUVIÈME

Conclusion du curieux entretien. Comment monsieur Canutson voulut inutilement être généreux envers le philosophe Jean-Jacques.

Monsieur le Conseiller du roi en ses conseils des domaines, des finances et du commerce fut étourdi de l'apostrophe. Il n'eut pas la force d'interrompre son homme qui lui prouva fort au long avec de fort mauvaise logique que les sciences étaient nuisibles au genre humain, qu'elles gâtaient l'esprit et corrompaient le cœur. La tirade lui ayant donné le temps de se remettre, il demanda au philosophe de l'air du ton d'un homme qui ne sait plus où il en est, s'il n'avait pas cultivé les lettres et les sciences.

– Oui, Monsieur, répondit l'inconséquent discoureur, je les cultive encore, et je ne les en tiens pas moins pour les plus puissants instruments de la corruption du cœur et de l'esprit.

– Mais ayant cette persuasion, vous n'êtes pas excusable de chercher à faire des progrès dans les sciences, et de vouloir y en faire faire aux autres.

– Cela se peut ; aussi je me reproche cette inclination victorieuse comme un honnête homme se reproche un penchant qui l'entraîne en dépit de sa raison.

– Permettez-moi de vous demander si c'est d'après l'effet que les sciences et les lettres ont produit chez vous, que vous en avez porté un jugement si défavorable.

– Non, monsieur, j'aime la vertu, je m'efforce de la pratiquer. Mes observations ont été générales, mais elles ne sont pas moins justes et je peux le démontrer. Posons d'abord en principe...

– Brisons sur ce sujet, dit assez brusquement Candide. J'aime les lettres et les sciences. J'honore les savants. D'ailleurs je me reprocherais de vous faire agir contre votre honneur et votre conscience, si je cherchais avec vous à m'instruire d'autre chose que les moyens de vous être utile. Je me suis trouvé plus d'une fois dans le cas d'avoir besoin de secours et je n'ai point eu honte de le demander. Je vous estime assez pour vous croire supérieur à la vanité dont je sus triompher. Obligez-moi de puiser dans ma bourse et de me dire ensuite quels autres offices d'amitié vous croyez que je puisse vous rendre.

– Ce n'est point par un sot orgueil que je vous remercie de vos offres généreuses en refusant de les accepter. Il y a longtemps que je me suis fait une loi de vivre uniquement de mon travail. Si vous avez à faire copier de la musique, soit française, soit allemande ou italienne et que vous ne soyez point engagé avec un autre copiste, je vous serai obligé de me l'envoyer. Je travaille vite et à petit prix. Peu de copistes d'ailleurs sont aussi exacts que moi.

Notre héros renfermant au-dedans de soi la pitié que lui inspirait la bizarrerie de ce manœuvre de nouvelle espèce, mit sa bourse sur la table, en le priant de recevoir cet à compte, et en lui promettant de lui envoyer incessamment de la besogne, il gagnait la porte de la chambre. Mais son homme singulier en tout le ramena à la table, en le pressant de lui dire à vue de pays (213) quel volume de musique il avait à faire copier.

Le noble Canutson crut se tirer d'affaire en lui disant qu'il lui enverrait autant qu'il en voudrait copier.

– Eh bien ! reprit le peintre de croches et de dièses, je peux copier en un jour vingt pages grand format. A six sols la page, ce sont six francs. Je recevrai avec reconnaissance la semaine d'avance. Ce sont par conséquent deux louis d'or dont je vais être votre débiteur pour huit jours. En même temps, il ouvrit la bourse, en tira les deux pièces d'or, la renoua, et demanda si décidément à son créancier de la reprendre, que celui-ci, qui ne voulait pas le fâcher fut obligé de la remettre à sa poche. Il crut faire merveilles, en disant en particulier à l'hôte de mettre sur son compte tout ce qu'il fournirait à son pensionnaire, et de lui fournir désormais tout ce qu'il croirait lui pouvoir faire plaisir.

À peine fut-il rentré à l'hôtel, qu'il fit faire un paquet de toute la musique qui se trouva dans les tiroirs du clavecin de Zénoïde, et l'envoya sous enveloppe à la fabrique des copies. Pour l'honneur de l'étranger et pour le sien propre, il crut devoir garder le silence sur sa visite, ne doutant point qu'à la fin de la semaine, il n'eût nouvelles de son ouvrier. Il n'attendit pas si longtemps. Le cinquième jour au soir l'hôte lui fut annoncé. Cet homme lui remit trois paquets fort proprement enveloppés. L'un contenait la vieille musique comme il l'avait envoyée, le second renfermait la copie extrêmement nette, le troisième contenait quelques cahiers de musique neuve, avec une lettre conçue en ces termes :

Jean-Jacques à Canut Canutson,

Salut.

Vous voulez m'enlever mon indépendance qui fait mon unique bien. Peu m'importe comment vous y prenez : vous me rendriez malheureux en me la faisant perdre. Que cela m'excuse au près de vous sur mon départ furtif. La musique que j'ai copiée ne remplit que 115 pages : ce qui me met en reste avec vous de 13 liv. 10 sols tournois. **(214)** *Comme cet argent m'est nécessaire et que vous êtes en état de le dépenser pour votre plaisir, j'ai compté que vous le tiendrez pour bien remboursé par le morceau de ma musique que je vous demande de recevoir en troc. Portez-vous bien si vous pouvez et soyez toujours homme.*

Le généreux Canutson ne se moqua point d'un homme à qui il croyait des droits sur la compassion. Il chargea un domestique intelligent et discret de se mettre sur la piste, et de la suivre jusqu'à ce qu'il découvrît sa retraite. Le laquais avec tout son zèle ne parvint qu'au bout d'un mois à donner satisfaction à son maître. Mais plus habile que lui n'y serait peut-être jamais parvenu. Qui aurait été chercher en Danemark un savant dans la cabane d'un bûcheron ? Ce fut là que Jean-Jacques fut trouvé faisant tourner du bras et du pied un grand rouet d'écraigne **(215)** sur lequel la femme du bûcheron lui avait appris à filer du chanvre à la quenouille. C'était son occupation de l'après-dîner. Toute la matinée, il l'employait à se promener dans la forêt où il cueillait quelque salade sauvage. **(216)** Quand les fous ne sont point hargneux, se dit monsieur Canutson, on les laisse courir les champs et il laissa Jean-Jacques courir les bois.

CHAPITRE TRENTIÈME

Comme Candide retrouve Martin,
qui lui prouve que c'est lui qui a tort.

Déjà le noble Canutson était père et il n'avait pas encore revu Martin. Des rapports vagues et confus se réunissant à ce que le philosophe lui avait laissé entendre de sa condition à Copenhague, il le croyait au service de Sa Majesté. Mais ne saisissant pas sur quel pied cet homme singulier pouvait y être, il craignit de lui nuire par des informations trop marquées, et celles qu'il se† crut permises ne l'ayant mené qu'à des conjectures, il cessa de s'inquiéter de son sort, surtout lorsque les fêtes qu'il donna à l'occasion de la naissance de son fils ayant exercé les beaux esprits de la cour et de la ville, il put croire raisonnablement qu'il n'était plus ignoré dans la capitale que de ceux qui ne le voulaient pas connaître. Comme il ne goûtait point du tout le système du Hollandais, il se rappelait souvent ses opinions. Car on revient plus volontiers à celles qu'on se juge capable de combattre avec supériorité, qu'à celles à qui on est obligé de faire joug. Mais les devoirs de son état resserrant de plus en plus le temps qu'il donnait à ses conférences de l'après-dîner, il ne s'était point aperçu qu'un homme tel que Martin laissât un vide dans sa société littéraire. Enfin, il ne pensait plus du tout au philosophe bourru quand le hasard qui le lui avait fait rencontrer, le lui fit retrouver.

Le seigneur à qui le Roi avait confié la surintendance des Arts et des Sciences mit le noble Canutson du nombre des amateurs qu'il invitait à venir juger avec lui de l'épreuve de certaine découverte de mécanique très utile. L'assemblée était indiquée à la Bibliothèque du Roi. Monsieur Canutson, ponctuel à l'heure assignée, devança tous les invités. Comme il se promenait seul dans le vaste appartement, un des sous-bibliothécaires vint lui offrir sa compagnie, et ce sous-bibliothécaire était Martin. Candide fut plus sensible en ce moment au mépris que le philosophe semblait avoir fait de lui qu'au plaisir de le revoir, et il le reçut fort froidement.

— C'était donc le pur hasard, dit-il, avec un sourire forcé, qui devait me procurer de rejoindre monsieur Martin. Auquel de ses deux anges **(217)** dois-je me reprocher l'indifférence dont il me paie ma sincère amitié ?

— De quoi que vous m'accusiez, seigneur, répondit Martin en montrant un peu les dents comme s'il avait voulu rire, attribuez-le au bon. Rarement le mauvais a prise sur mon cœur.

---

† se

C'est par reconnaissance que j'ai risqué de passer pour ingrat dans votre esprit.
– L'idée est singulière comme vous, mon cher Martin. Mais je n'en conçois pas la justesse.
– J'ai cru devoir épargner à mon bienfaiteur, à mon ami, une épreuve sur laquelle j'ignorais ses forces. Seigneur Canutson, on ne voit pas toujours volontiers les gens qui ont notre secret.
– Quoi ! Avec son austère droiture mon ami Martin a pu me mépriser avant que de m'avoir éprouvé ? L'âme de Candide est-elle dépendante de l'étoffe qui couvre son fourreau ?
– Elle dépend de deux maîtres, comme celle de tous les autres hommes, et je ne devais pas être empressé à la tâter dans un quart d'heure qui aurait peut-être été celui du tyran.
– Ah ! Monsieur Martin, je n'ai pas mérité...
– Tout doux, seigneur, demandez-vous à vous-même, si quand vous avez été favori d'un grand roi, puis gouverneur d'une vaste province, puis riche et voluptueux épicurien, vous avez pris grand souci de votre cher maître Pangloss, de votre femme Cunégonde, de la fille du pape Urbain, de votre servante Paquette et de vos serviteurs Martin, Cacambo et Giroflée. Candide baissa les yeux.
– Mais, dit-il en bégayant, je vous croyais tous passablement heureux dans l'habitation. Si vous y aviez pris encore quelque intérêt, reprit l'impitoyable Hollandais, vous vous en seriez informé. Il vous était plus aisé d'avoir de nos nouvelles qu'à nous de recevoir des vôtres, et cependant nous en reçûmes. Or je n'ai pas cru valoir plus auprès de vous à Copenhague que n'y valurent en Perse toutes les personnes à qui vous teniez dans le monde, et pour achever de me justifier avec vos propres raisons, vous avez eu lieu de me croire heureux ici autant que je peux l'être.
– Grâce, mon cher ami, grâce, s'écria Candide en serrant ses mains dans les siennes, j'envisage aujourd'hui pour la première fois cette ancienne faute. Je ne chercherai point à l'atténuer. Mais j'ose vous promettre que je n'aurai jamais à rougir de la récidive.

Soit, reprit Martin sans changer de ton ni de visage, j'irai chez le noble seigneur Canutson à l'heure où il voudra bien être visible pour moi.

– Presque à toute heure, mon bon ami. Mais toujours indubitablement à celle du dîner. Si vous êtes libre, je vous emmènerai tantôt. Je vous présenterai à ma femme qui vous connaît et vous estime. Je vous ferai voir que je suis un des plus heureux mortels. Que mon bon ange a plongé le mauvais dans l'abîme, et que pour moi tout est au mieux dans le meilleur ou le pire des mondes.

– Je le veux croire, et vous ne devez pas douter que je ne le voie avec une vraie satisfaction. Je souhaite de tout mon cœur que cela dure.

Je vous dis qu'il est pour jamais dans l'abîme.

Je le souhaite.

– Vous diminuez mon bonheur, mon cher Martin, en doutant de sa solidité.

– Ce n'est pas mon dessein et dorénavant je vous cacherai mes craintes et mes défiances.

– Non, n'en faites rien. J'aurai lieu de croire que vous cesserez d'être mon ami, quand vous dissimulerez avec moi. J'ai gagné quelque chose à vivre. J'ai observé des philosophes et je ne sais que ces puits de savoir et de raisonnement ne donnent rien qui vaille hors de leur système.

– Fort bien, seigneur Canutson, mettez-moi du nombre de ces fous privilégiés à qui l'on ne reproche point le coup de hache qu'ils ont reçu à la tête. Je vous rendrai la pareille sur celles de vos opinions qui seront contraires aux miennes. Vous savez que je ne suis point disputeur. Je ne veux point de cette convention qui nous gênerait. Fou celui qui croit que la raison est une, ou qu'elle n'a qu'une prise. Courir après elle est un exercice nécessaire, et les honnêtes gens se divertissent à la tirailler entre eux quand ils s'imaginent l'avoir atteinte. J'ai d'autres amis qui ont aussi leurs systèmes.

L'assemblée s'étant formée pendant l'entretien des deux amis, ils se séparèrent avec parole de se rejoindre dans la même salle lors de la retraite. L'artiste fit son épreuve, et la manqua. Il en était consterné. La plupart des spectateurs attendaient en silence, et les yeux fixés sur le surintendant, comment ce seigneur leur dirait de prendre la chose.

Le généreux Candide partageait le chagrin de cet honnête homme et il était bien résolu de le consoler de sa disgrâce, si son protecteur naturel l'y abandonnait. Il n'en eut ni la peine ni le plaisir. Le seigneur surintendant avait le cœur de même trempe que le sien. Assez éclairé pour voir que l'artiste ne manquait ni d'habileté ni de bonne foi, il le délivra de la confusion où le jetait son mauvais succès, en faisant valoir les titres que ses qualités personnelles et son zèle lui donnaient d'ailleurs à la reconnaissance du public et aux bienfaits de Sa Majesté.

Il l'invita à reprendre son travail sans dégoût. Il sembla même le lui ordonner au nom du roi en lui ôtant toute inquiétude sur la dépense. Enfin, il le ramena comme il l'avait amené, dans son carrosse, et il le retint à dîner à sa table. Des procédés si nobles et si judicieux sont dans l'ordre, cependant ils paraissaient extraordinaires. Notre héros lui-même qui s'en sentait si capable, en fut si fortement frappé que l'impression en durait encore quand il fut rejoint par Martin.

– Le diable, dit-il en riant au philosophe, a voulu jouer ici des siennes. Mais il a eu un pied de nez. **(219)** L'infortune du protégé a fait tant d'honneur au protecteur qu'ils en vont être plus attachés l'un à l'autre. Le bon ange tire parti de la malignité du mauvais, voyez-vous que celui-ci s'en puisse relever ?

– Si je le vois ! La chose est peut-être déjà faite au moment que nous en parlons. Doutez-vous qu'il n'y ait ligue faite contre cet homme de talent ? Il me semble entendre les ignorants et les malhonnêtes gens de la confédération mettre la généreuse confiance du seigneur surintendant sur le compte de sa crédulité, et lui reprocher de prodiguer les bienfaits du roi. Je ne voudrais pas gager que ce protecteur des arts et des artistes ne sera point forcé dès demain à paraître désavouer ou excuser le procédé dont il s'applaudit avec tant de raison.

CHAPITRE TRENTE-ET-UNIÈME

Sentiments de Martin sur le sort de monsieur Canutson.

Il n'était pas encore midi lorsque monsieur Canutson rentra à l'hôtel. Il vola à l'appartement de sa femme à qui il présenta le philosophe son ami. Il avait trop bien peint l'original à Zénoïde pour que le nom seul ne lui rappelât pas tout le personnage. Elle assaisonna le gracieux accueil qu'elle lui fit de manière à lui laisser voir qu'il était pour elle une vieille connaissance qu'elle prisait fort. Le froid Hollandais fut touché de tant de grâces unies à une si grande beauté. Il parut animé d'un vif intérêt sur l'heureux couple, et il ne dissimula point combien il était curieux de savoir par quelles routes son ami était arrivé à la félicité.

Candide flatté de son impatience, se serait reproché d'en laisser refroidir la première chaleur. Il l'emmena dans son cabinet et, prenant du plus loin l'incroyable roman qu'il avait conduit à heureuse fin contre toute espérance, il mena son auditeur de surprise en surprise. Quoique long, le récit fut écouté avec avidité. Le dur Hollandais fut attendri plus d'une fois, et il lui sembla que le héros passait trop rapidement sur le conflit de la nature et de l'éducation, du sentiment et des préjugés dans le cœur et l'esprit de Zénoïde. Volhall, le baron jésuite et sa diablesse de sœur furent chargés tour à tour de ses imprécations.

Mais il ne pouvait se lasser de louer le fidèle Cacambo. Chaque contretemps le rappelait avec inquiétude vers Zénoïde. Il semblait craindre que son ami ne pût se réunir à cette tendre et généreuse amante. Philosophe et républicain, il ne lui reprochait point d'avoir quelquefois eu peu d'égard aux bienséances. Au contraire, il voyait de l'héroïsme dans le mépris qu'elle avait osé faire de l'inégalité des conditions. Enfin les diverses passions que le récit excita chez lui firent connaître à Candide que cet homme en apparence si froid et si dur avait un cœur sensible. S'étant remis dans son extérieur d'habitude pendant que monsieur Canutson lui exposait sa manière de vivre, il lui adressa ce petit discours du ton le plus grave.

Suivant mes goûts et ma condition, seigneur, je suis maintenant heureux autant que je peux l'être. Mais je m'aperçois que pour l'être autant que vous, il me manque une vivacité de sentiment que vous avez reçue du ciel. Je ne saurais être uniquement l'homme du présent. Trop froid pour repousser les réflexions, je me laisse subjuguer par la raison, et ma mémoire me tourmente par sa fidélité. En faisant le bilan avec mes deux maîtres, je trouve que celui qui prime aujourd'hui doit primer encore longtemps pour arriver au pair. Trois à quatre ans d'aisance et de tranquillité à Copenhague joints à environ autant que j'ai passés agréablement avec vous, ne sont point un juste équivalent de vingt ans de servitude sous une femme et des libraires d'Amsterdam. Lorsque je mets les autres accidents de détail en ligne de compte, je m'étonne que je m'en tienne à n'être que manichéen.

Pour vous, seigneur, à qui le ciel a départi un cœur sensible, jouissez, et que le diable s'éveille quand il plaira à Dieu. Il n'y a qu'une félicité médiocre qui admette l'inquiétude que j'honore du nom de prudence. Que Léviathan et Uriel **(220)** tiraillent à soi les pauvres humains, ce n'est plus votre affaire. Je vous compare à un homme riche et raisonnable retiré en pays neutre au milieu du théâtre de la guerre. Plaignez les Bulgares et les Abares **(221)** tour à tour incendiaires et incendiés. Mais que l'idée des massacres et des pillages ne corrompe point celle de votre félicité. Sans vous alarmer des révolutions possibles, amassez des souvenirs capables de vous soutenir dans la disgrâce si elle vient un jour jusqu'à vous.

C'est ainsi que l'homme heureux peut jouir de tout son bonheur. Je ne saurais suivre cette méthode. Qu'y faire ? Je ne suis pas pour cela tout à fait malheureux. Tout est arrangé dans ma tête de façon à me rendre content. J'ai ma compensation du bien que je ne goûte pas dans l'intrépidité avec laquelle j'attends le mal qui peut venir. Jamais ce dernier ne me surprend parce que je mets tout au pis lors même qu'il paraît être au mieux. Je ris du génie malfaisant qui prétend se jouer de moi, et j'ai toujours l'orgueilleuse satisfaction de penser que c'est moi qui me joue de lui.

Comme il n'était pas encore l'heure de la table, Candide demanda à son tour à Martin de lui raconter ses aventures depuis leur séparation, ce que celui-ci fit de bonne grâce, ainsi qu'on le verra dans le chapitre suivant.

CHAPITRE TRENTE-DEUXIÈME

Aventures de Martin depuis le départ de Candide du jardin de Propontide.

Votre départ fit une révolution dans notre petite société. Mme Cunégonde voulut être maître. Elle nous traita mal. Giroflée qui n'était pas endurant (**223**) nous quitta sans nous dire adieu et fut s'enrôler janissaire. Cacambo et moi plus complaisants, nous surmontâmes nos petits dégoûts. Le travail du jardin nous consolait. Il réussit pendant deux années au point de donner une somme assez considérable par-delà nos besoins. Nous étions donc riches. La disparition de Pangloss qui partit comme vous à la sourdine (**224**) ajouta la tranquillité à l'aisance. En vérité nous étions bien, mais cela ne dura pas. Un jour sur la brune (**225**) un jeune esclave entre dans notre jardin et le traversant avec la vitesse d'une flèche, il va se jeter aux pieds de madame Cunégonde qui faisait des bouquets.

Le jeune homme était beau, il se dérobait à un maître barbare qui, pour en faire le maître de musique de ses femmes, lui voulait faire subir la cruelle opération. (**226**) Les femmes sont tendres et compatissantes. Madame Cunégonde accorda sur-le-champ retraite au jeune Italien (**227**) et pendant dix jours elle parut croire n'avoir fait de sa vie œuvre si méritoire. Le onzième nous apprit à en juger autrement. Un officier du cadi accompagné d'une douzaine de satellites (**228**) nous tint cet accablant discours :

– Chiens de Chrétiens, Sa Hautesse vous fait grâce de la vie. Ce jardin est au fisc. Le propriétaire est un traître qui a passé au service du roi des F[T]êtes Rouges.^β **(229)** Vous, misérables, le sultan vous fait esclaves du pacha de la mer, que vous avez eu l'insolence d'outrager en donnant retraite à son esclave fugitif.

Aussitôt on nous dépouilla de nos robes et on nous mit les fers aux pieds. La pauvre vieille à la fesse coupée ne tint pas contre cette dernière infortune. Elle mourut peu de jours après, et Paquette ne la fit guère plus longue. Madame Cunégonde qui avait rattrapé un peu de fraîcheur et d'embonpoint, trouva grâce devant le pacha. Cacambo, après quelques disputes fort vives avec le chef des eunuques noirs qui le voulait de sa bande, fut laissé à son état d'homme, et il eut l'habilité de gagner la confiance de ce monstre, au point d'être presque le maître de la maison. Il adoucit mon sort autant qu'il lui fut possible. Et enfin sa généreuse amitié me fournit l'occasion de le faire changer.

Voulez-vous passer pour médecin ? me dit-il un jour. Vous aurez votre liberté. Le jeune Italien est en piteux état, mais pas si désespéré que le croit le médecin juif qui le traite. Voyez à lui conserver la vie.

Je risquai l'aventure, ayant vu les Hottentots **(230)** traiter avec fort peu de façon et toujours avec succès, une partie de la cruelle opération que le pauvre musicien avait essuyée tout entière. **(231)** J'entrepris la cure avec aussi peu de cérémonie et, plus heureux que sage. Je réussis. Le pacha fort content d'avoir pour ses femmes un maître qui ne leur apprendrait que la musique, me donna ma liberté avec un fort bon habit à la grecque et dix sequins. J'embrassai l'honnête Cacambo mon libérateur, en lui promettant bien de revenir le voir, et je fus à Constantinople chercher fortune.

β   Les Turc appellent les Persans Casselbassis, ou F[T]êtes-Rouges dit M. de la Croix, parce qu'étant sectateurs d'Ali, ils portent le turban rouge, pendant que les Turcs sectateurs d'Omar portent le turban blanc.

Comme j'errais dans les vastes places publiques de cette capitale, j'avisai des Allemands accompagnés d'un janissaire (**232**) lequel faisait expliquer un monument par un antiquaire juif. Je pouvais me flatter d'en savoir plus sur l'article que l'ignorant Israélite. Je m'approchai donc des curieux avec confiance, et je hasardai mes conjectures qui leur parurent plus justes que les assertions du Juif. L'entretien se lia. Ils m'apprirent qu'ils étaient envoyés par le roi de Danemark en Egypte et en Arabie, pour y recueillir tout ce qu'ils jugeraient utile aux sciences et surtout à la médecine. (**233**) Ils m'offrirent de me recevoir en leur compagnie. J'acceptai le parti avec avidité. Il me semblait y entrevoir la voie d'un retour avantageux en Europe. Je ne leur fus pas inutile dans le voyage, au moyen de la langue turque qu'aucun d'eux n'entendait. Arrivés au Grand Caire, ils se séparèrent, se partageant l'Égypte de manière qu'en peu de mois ils l'auraient [avaient] étudiée tout entière.

Le savant à qui j'échus pour compagnon, était un excellent homme que l'avidité de connaître et de savoir dévorait, et qui, malgré un tempérament peu robuste ne se refusait jamais à la moindre apparence de quelque découverte utile, quelque fatigue qu'il lui en dût coûter. Bientôt il succomba. Une fièvre lente qu'il avait espéré surmonter et chasser par le régime et l'exercice, le mit au tombeau à Aden (**234**) sur le bord de la Mer Rouge. Avant que de mourir, il me remit ses papiers dont je ne fis pas alors tout le cas qu'ils méritaient. Je prisai bien plus que toutes ses savantes observations une lettre de change de cent douze sequins (**235**) qu'il avait prise à Constantinople sur un marchand turc d'Alep (**236**) et dont il me fit don. Ce secours m'était d'autant plus nécessaire que les officiers du prince d'Aden s'opiniâtrant sur le rapport du Juif qui nous servait, à me prétendre domestique du mort, s'emparèrent de tous ses effets par le droit d'aubaine (**237**) et ne me laissèrent que mes hardes et les papiers.

Je gagnai Moka (**238**) marché fameux, où je comptais trouver à négocier ma lettre. Je vécus sur la route du métier de médecin que j'exerçai assez heureusement et sans avoir à me le reprocher, n'ayant jamais rien donné aux malades qui leur pût faire mal. La diète et la première eau de riz ou de maïs étaient mes spécifiques. J'eus le bonheur de rencontrer à Moka un facteur du négociant d'Alep qui ne fit nulle difficulté de me payer les cent douze sequins. Cela me mit en état de retourner commodément au Caire où était le rendez-vous des savants danois. Voyant mes sequins disparaître en les attendant, je repris le métier de médecin.

Une fièvre pestilentielle désolait cette grande ville. Ses médecins qui avaient de la pratique du reste, ne firent pas attention à mes petits succès. Mais la malignité de l'influence étant dissipée, je devins pour eux un objet de jalousie. Ils s'y prirent d'une façon singulière pour se débarrasser de moi. Ayant prévenu le pacha à mon désavantage, ils m'accusèrent d'être un charlatan tout à fait ignorant du mécanisme de la nature dans le corps humain, un empirique réduit à quelques petites recettes que je tenais du pur hasard et ils requirent d'être admis à la preuve, ce qui leur fut accordé. Ils demandèrent au pacha un de ses plus vigoureux esclaves. Cet homme, dirent-ils, est en parfaite santé. Ordonne-lui, seigneur, de se laisser mettre au lit, et de feindre d'être malade. Tu feras appeler l'imposteur franc près de lui. Tu entendras son opinion et lorsque deux heures après nous te rendrons ton esclave en aussi bonne santé qu'il est à ce moment, tu jugeras si tu dois confier la vie des sujets de Sa Hautesse à ce téméraire étranger.

Rien ne leur fut refusé. Pour quelques pièces d'argent ils engagèrent l'esclave à souffrir qu'on lui mît quelques gousses d'ail dans l'orifice postérieur. Le lendemain, je fus appelé près de l'esclave, à qui je trouvai une fièvre violente. Je le dis. On me répondit par une huée générale. Le pacha qui était derrière une courtine, se montra, et me fit conduire en prison. Trois heures après l'ordre y vint de me donner cent coups de bâton sous la plante des pieds **(239)** et de me chasser sur-le-champ de la ville avec menace de la mort si j'osais y rentrer.

J'essuyais la sentence tout de son long et il me fallut suivre sur mes pieds qui ne tenaient plus à mes jambes que par des filets de muscles et de nerfs, les janissaires impitoyables qui me conduisirent jusques hors du faubourg. Je me couchai près d'un tombeau, invoquant la mort que je hâtais de mes vœux, quoique je ne la crusse pas loin. Le sommeil consolateur des misérables (240) me surprit en cet état. Je ne m'éveillai qu'en me sentant enlever fort doucement par deux hommes qui me couchèrent sur une civière. Indifférent sur ce qui pouvait m'advenir, je les laissai faire sans leur dire mot. S'étant mis au brancard, ils m'emportèrent vers la ville. Lorsqu'ils m'invitèrent à me lever et à les suivre, je me reconnus avec effroi dans le palais du pacha.

Deux janissaires me prirent sous les bras et m'aidèrent à aller jusqu'à la salle d'audience où je perdis une grande partie de ma peur en voyant l'honnête Turc qui m'avait donné logement dans sa maison depuis plus de six mois. C'était un homme fort considéré au Caire pour son opulence et sa probité. Il me fit quelques signes des yeux et de la main pour m'inviter à prendre courage. Le pacha ne tarda pas à paraître. Il vint à moi avec bonté. L'on m'a trompé, me dit-il. Je t'ai maltraité, j'en ai du regret. Je croyais faire un acte de justice, mais tu vas être vengé. Retourne en ta maison où tu trouveras toutes les affaires au même état que tu les as laissées. Reprends ta profession et ne crains plus tes ennemis. En ce moment entrèrent trois de mes calomniateurs conduits par des soldats. Ils furent sur-le-champ couchés à terre, et ils reçurent chacun d'eux cents coups de bâton sous la plante des pieds. Qu'une juste vengeance est un puissant lénitif.

J'eus la force de suivre mon honnête Turc en sa maison où il m'informa des démarches qu'il avait faites en ma faveur sur le soupçon de quelque lâche manœuvre de la part de mes jaloux. Je restai chez lui jusqu'à ce que j'eusse recouvré ma santé. Mais je tins bon contre ses instances pour m'y arrêter plus longtemps. Ayant trouvé un chamelier qui partait pour Alexandrette (241) je louai de lui un chameau sur lequel je gagnai le bord de la mer fort à mon aise. J'avais quelque argent et tous les papiers du savant danois. Je m'embarquai pour Constantinople. Aucun contretemps ne retarda notre navigation. Je courus à votre jardin, où Cacambo était sur le même pied que je l'y avais laissé. Mais Cunégonde était tombée en disgrâce et confondue avec les esclaves de service.

Vous fîtes alors votre apparition avec Pangloss. **(242)** Je ne sais quelle terreur panique vous fit retirer lorsque je commençai notre piteuse histoire. Je vous cherchai inutilement dans une ville immense et je revins presser de nouveau le cher Cacambo de faire usage du crédit du chef des noi[r]s auprès du pacha pour avoir sa liberté et repasser avec moi en Europe.

Je le tenterais, me répondit-il, si vous aviez ramené Candide. Mais qu'irai-je faire en un autre pays que celui-ci où je ne suis pas mal ? Il me communiqua sa façon de penser. Je me donnai aux étrangers pour antiquaire et je gagnai fort honnêtement ma vie à ce singulier métier qui ne me donnait pour jaloux et pour ennemis que quelques misérables Juifs, trop méprisés pour me pouvoir jouer de mauvais tours. Comme je ne manquais point d'aller au jardin deux fois la semaine, je fus tout étonné de voir un beau matin Cacambo chez moi.

Grande nouvelle, me dit-il, le sultan a eu besoin de la tête de notre pacha et elle lui a été portée cette nuit. Maintenant je ne refuse point de retourner en Europe. Faisons présenter par Giroflée une requête au sultan lui-même lorsqu'il ira à la mosquée. Nous y réclamerons le jardin et notre liberté. Sûrement nous obtiendrons le dernier.

Giroflée nous rendit ce bon office de grand cœur, et le succès fut tel que Cacambo l'avait prévu. Cunégonde et lui furent déclarés libres. Nous ne tardâmes pas à trouver un embarquement. Un vaisseau marseillais nous donna le passage à un prix raisonnable. Le hasard l'ayant fait relâcher à l'île de Chio **(243)** jugez quelle fut notre surprise de voir venir à nous le philosophe Pangloss qu'un autre hasard avait porté dans cette île quelques mois auparavant.

Suivant l'usage du pays, il avait contracté avec une fort jolie insulaire un mariage qui devait durer autant que son séjour dans l'île. L'amour conjugal fut plus faible que le désir de se rejoindre à ses anciennes connaissances. Nous l'emmenâmes avec nous. À Marseille, madame Cunégonde, dégoûtée des fatigues de la mer, demanda de traverser la France et d'aller par terre en son pays. Cacambo qui avait assez bien fait ses affaires en se mêlant de celles du pacha consentit d'être son écuyer. Pangloss ne les voulut point quitter. Pour moi, craignant moins les périls de la mer que ceux d'un voyage à travers la France, j'attendis qu'il vînt quelque vaisseau du Nord. Je fondais sur le dépôt que m'avait laissé le savant danois des espérances qui n'ont pas été trompées.

C'est à lui que je suis redevable de la protection des arts et des sciences. Il m'a encore procuré de plus l'honneur d'être présenté au roi dont la munificence s'est signalée en ma faveur. Sa Majesté a daigné me tenir compte de mon voyage comme si je l'avais fait par ses ordres. Elle m'a gratifié d'une pension, et j'ai un emploi dans sa bibliothèque. Voilà, Seigneur, où j'en suis. Je me trouve bien. Cela durera ce que cela pourra.

CHAPITRE TRENTE-TROISIÈME

Révolution dans le magnifique hôtel.
Monsieur Canutson est accablé de chagrin.

L'esprit est un don de la nature. En le cultivant, on développe, on étend le génie, et le talent naît de l'un et de l'autre, à l'aide de l'étude et de l'application. Le noble Canutson heureusement partagé au premier égard, était parvenu à se faire distinguer aux deux autres. On l'écoutait volontiers dans le conseil, et le sage ministre son protecteur et son ami lui faisait l'honneur de l'admettre quelquefois à travailler avec lui dans son cabinet. Un de ces jours de confiance, Son Excellence lui tint ce discours.

Vous n'ignorez pas, seigneur Canutson, combien le roi a été malheureusement trompé il y a quelques années sur son pauvre peuple de Norvège. **(244)** Vous savez les soins paternels de Sa Majesté pour relever cette contrée de ses malheurs. Autant qu'on en peut croire le rapport de ceux qu'elle y a employés, il reste, à la population près, peu de traces de ses misères passées. Je souhaiterais qu'un homme serviteur zélé de notre auguste souverain et véritable ami de son peuple, fît une exacte visite de ces deux ou trois provinces, que ce fût un homme capable d'embrasser en grand ce qui se peut faire pour les rendre florissantes, et de descendre aux moindres détails sur ce qui peut augmenter et assurer le bien-être des communes et des cultivateurs.

J'ai jeté les yeux sur vous. Vos pouvoirs pour faire le bien seront sans bornes. Puisez dans les caisses royales autant que vous le jugerez convenable au bien de l'État et celui du peuple. Je ne vous lierai point les mains pour vous empêcher de faire du mal, je vous crois incapable d'en faire. Consultez-vous et voyez si une commission si honorable à l'humanité peut vous faire perdre de vue sans regret pour quelque temps† votre famille

La réponse de notre héros ne fut point équivoque. Cependant la† nature pâtissait un peu chez lui, il n'était pas possible de mettre du voyage sa chère Zénoïde qui promettait d'être mère pour la troisième fois à quelques mois de là. Il se retira dans son hôtel bien résolu à l'absence, mais il en était attristé. Appellera qui voudra ce petit conflit intérieur une faiblesse, les lecteurs plus indulgents jugeront peut-être que plus le sacrifice qu'il faisait à son roi et à sa patrie lui coûta, plus il est louable de l'avoir fait. Zénoïde, la tendre Zénoïde pleura et n'osa faire d'objections. Le jour du départ vint. Les deux époux se promirent mille choses. Ils crurent se voir encore longtemps après la dernière embrassade.

Ce tome-ci n'étant pas destiné aux exploits politiques du seigneur Canutson, nous dirons simplement qu'il remplit parfaitement les objets de sa commission et les intentions du ministre qui la lui avait donnée de la part du roi. Il traça de nouveaux villages pour des colonies, il avança les semailles aux cultivateurs pauvres, il donna des chevaux et des bestiaux à ceux qu'il présuma gens à en tirer bon parti. Il fit une

---

† à
† la

nouvelle division et de nouveaux baux des terres des domaines, il fit relever les habitations ruinées, rebâtir les bourgs incendiés. Enfin, dans l'espace d'une année il donna véritablement une nouvelle face à toute cette partie du royaume et pour ainsi dire, une nouvelle vie à ses habitants.

Le temps use tout. Il avait fait disparaître en peu de jours cette violence de la belle Zénoïde, qui semblait tenir du désespoir. Elle avait été remplacée par une tendre langueur dont les médecins annoncèrent des suites fâcheuses si on ne la dissipait par de puissantes distractions. Ses compagnies ordinaires lui donnaient de la mauvaise humeur en lui rappelant son cher Candide qui y représentait avec tant d'avantage. Cette petite troupe d'amis, de gens de mérite et de talent, s'aperçut du caprice, et se prit de dégoût à son tour. Peu à peu elle se retira et on ne la vit plus à l'hôtel.

Alors les seigneurs et les dames de la famille de Zéno, à qui leur parente était devenue plus chère depuis l'élévation de son mari, s'empressèrent à consoler la belle affligée. Zénoïde s'accoutuma à leurs élégantes politesses, à leurs délicates prévenances, à leurs caresses flatteuses. Ayant recouvré sa belle taille après avoir donné le jour à un fils, elle n'eut plus d'amusement, plus de plaisir, qu'avec cette brillante noblesse.

Tout se montra dans l'hôtel sur le nouveau goût de la maîtresse. Un maître d'hôtel de couleur olive parut un monstre à éloigner, le fidèle Cacambo fut déposé et mis au nombre des vétérans sous prétexte qu'il avait assez travaillé pour avoir besoin de repos et assez bien servi pour qu'on le lui procurât sans attendre qu'il le demandât. Il y eut petit couvert **(245)** à dîner et grande table le soir, cercle ou assemblée tous les jours, bal trois fois la semaine. Enfin, l'hôtel de Canutson ne fut plus connu que par les plaisirs bruyants si recherchés des personnes de qualité qui ne sont bonnes à rien.

Candide recevait moins fréquemment les lettres de sa chère Zénoïde. Elles étaient de jour en jour moins longues et il se dépitait contre les cruelles migraines qui lui retranchaient sans cesse une portion de son plus grand plaisir. C'était bien toujours du sentiment et de la tendresse, parce que le style d'une femme spirituelle et tendre est comme la touche d'un grand peintre. Mais l'expression n'avait plus cette chaleur à laquelle on reconnaît que la main est conduite par le cœur, et peut à peine suffire à l'impétuosité de sa dictée.

Le fidèle Candide s'en affligeait en croyant bonnement que la maladie du corps portait ses influences sur l'esprit, et que la langueur de l'un communiquait à l'autre. Il redoublait de travail et de fatigue pour se procurer plutôt [plus tôt] le retour vers cette chère personne. On s'imagine aisément qu'aucun des amis du seigneur Canutson ne s'avisa de lui donner avis du changement arrivé dans sa maison.

Le fidèle Cacambo lui-même gardait le silence sur ce point avec son maître et son ami, et il y persista jusqu'à ce que Candide lui eût écrit son prochain départ de la Norvège pour revenir à Copenhague. Effrayé des suites du coup dont le tendre époux serait frappé, il se crut obligé de le lui adoucir en l'en prévenant. On ne prenait point garde à lui. Un beau matin il partit pour la Norvège. Il eut beau vouloir composer son visage, Monsieur Canutson vit dans ses yeux de l'embarras et l'impression du chagrin. Il se précipita dans les bras de son valet qui était son ami.

– Ah ! Cher Cacambo ! S'écria-t-il en sanglotant, que viens-tu m'annoncer ? Ai-je perdu Zénoïde ?

– Zénoïde jouit de la plus brillante santé ainsi que vos chers enfants. Cacambo dans le reste de sa réponse chercha à gagner du temps. Mais Candide était prévenu qu'il n'avait pas fait le voyage par pure fantaisie et il le pressa tellement qu'il fut force au sincère métis de faire sa confidence tout entière.

Le tendre époux estimait sa femme autant qu'il l'aimait, il la plaignit plus encore qu'il ne la blâma et il n'éprouva que de l'indignation en apprenant que les messieurs de l'antichambre du ministreétaient les tenants de sa maison. Cacambo l'aida à se persuader que sa présence rétablirait l'ancien ordre. Il avait remplit son objet qui était de préparer son cher maître à une révolution dont l'aspect inattendu l'aurait affecté trop vivement.

CHAPITRE TRENTE-QUATRIÈME

Comme Martin devient plus malheureux que jamais et comme le généreux Candide lui rend et lui assure sa tranquillité. Le philosophe se trouve bon chrétien sans le savoir.

Monsieur Canutson arriva qu'il était déjà nuit. Il était attendu dans le grand salon par une brillante et nombreuse compagnie que Zénoïde se fit un mérite d'avoir rassemblée pour célébrer son retour. Il put lire dans les yeux de sa tendre épouse qu'elle avait de la joie de le revoir, mais l'empressement et la tendresse qui étaient dans l'accueil qu'il en reçut étaient mêlés d'un composé bizarre de dignité et d'enjouement tout à fait nouveau pour lui. Ayant parcouru des yeux la brillante compagnie et n'y apercevant aucun de ses anciens amis, il fut bientôt excédé d'ennui. Il prétexta la fatigue du voyage et se retira dans sa chambre où il attendit avec impatience la retraite des illustres importants.

Dans ce temps de désœuvrement, il prépara un fort beau discours dont il se promettait le plus heureux succès. Rhétorique perdue. Zénoïde entra dans sa chambre lorsqu'il se disposait à l'aller joindre dans la sienne. Après quelques embrassades, elle lui fit le récit d'un nouvel ordre qu'elle avait mis dans l'hôtel, d'un air si libre et si dégagé, d'un ton si résolu et si parfaitement décidé qu'il vit bien que les remontrances et les raisons seraient en ce moment mal reçues. Il replia, pour ainsi dire, son beau discours, et, sans avoir approuvé ni blâmé sa femme, il ferma les yeux en philosophe pour se livrer en amant au plaisir de se croire aimé de l'unique objet de sa tendresse.

Le lendemain il reçut les visites de ses anciens amis dont aucun ne se plaignit de Zénoïde. Ceux à qui il parut vouloir s'ouvrir sur ces chagrins domestiques se dérobèrent habilement à la dangereuse confidence, en faisant usage des ressources de leur esprit pour lui faire abandonner ce sujet. Il n'osa en inviter aucun à dîner. Mais ayant fait dire qu'il mangerait dans sa chambre, il envoya prier Martin de venir lui tenir compagnie.

Le philosophe hollandais, chose étonnante, guettait avec la plus grande impatience le retour du seigneur Canutson. Il vola à l'hôtel sur l'invitation qui le comblait de joie, en lui garantissant la bienveillance d'un protecteur devenu nécessaire. Il n'était plus le même homme. Une sombre mélancolie avait triomphé de son indifférence. Son visage annonçait un homme dévoré d'inquiétude et de chagrin. Candide en fut si touché, qu'oubliant ses propres peines sur lesquelles il voulait soulager son cœur avec son ami, il n'eut que de l'avidité pour connaître celles du philosophe et y chercher remède.

– Ah seigneur ! dit Martin, le mauvais génie est enfin le plus fort, il a mis toute ma fermeté à bout. Il a épuisé ma patience. Je suis au désespoir. Il y a environ un an qu'ayant donné avis à ma femme que j'étais dans l'aisance à Copenhague, il lui inspira de venir m'y joindre. Elle arriva avec sa fille qui amena les deux enfants que le Portugais lui a laissés et, avec mon fils grand et vigoureux drôle dont on aurait fait quelque chose s'il n'était pas un vaurien. La nature ne perd point ses droits. Je sentis que j'étais père. Je reçus la petite troupe avec cordialité et je partageai de bon cœur avec elle. Mais les années n'ont pas changé ma femme.

Bientôt je fus le serviteur ou plutôt l'esclave de ma maison. Encore si j'y avais eu la paix à ce prix ! Ma furie ne l'a pas voulu. Elle a fait le diable **(246)** parce qu'il n'y a à Copenhague ni les tourbes **(247)** ni les chauffe pieds d'Amsterdam, parce qu'on n'y fait pas le pain de la même pâte, parce qu'on n'y parle pas hollandais. Sa fille s'est amourachée d'un grand pendard de soldat aux gardes qu'il a fallu lui laisser épouser et qui a enrôlé son beau-frère par surprise dans son régiment. Enfin celui-ci a déserté, il a été repris. Il est actuellement en prison en attendant le terrible châtiment de baguettes **(248)** auquel il n'y a pas apparence qu'il survive. Sur l'avis de votre prochain retour, j'ai employé ce que j'ai d'amis pour surseoir le jugement. Toute mon espérance est en vous, seigneur Canutson. Sauvez-moi mon fils. Quel qu'il soit, il m'a fait sentir toutes les angoisses d'un père affligé.

Candide avait d'abord saisi tout ce qu'il pouvait faire en faveur de son ami.

Candide en Dannemarc 141

— Soyez sans inquiétude, mon cher Martin, lui dit-il en l'embrassant, et chassez votre chagrin. Je vous rendrai votre fils, je ferai un établissement à votre fille, je vous délivrerai de votre femme. Je veux que vous donniez paisiblement le reste de vos jours à la saine philosophie, que vous reconnaissiez de vous-même l'illusion de votre système...
— Ah seigneur ! s'écria le philosophe, si vous opérez ces prodiges pour moi, je n'ai plus de système. Je penserai sur toutes ces spéculations comme il vous plaira.
— Non, mon bon ami, il faut la conviction pour le contentement de l'esprit. Que sont vos deux maîtres, même dans votre opinion ? Ne sont-ce pas des êtres subalternes au-dessus desquels votre raison vous élève ? De qui tenez-vous cette raison et la force d'en faire usage ? N'est-ce pas d'un supérieur ?
— Oui sans doute, seigneur, je n'ai jamais eu le moindre doute sur l'existence d'un être suprême.
— Eh bien, mon cher Martin, vous vous convaincrez aussi pleinement de sa providence, si vous étudiez avec attention la nature et son admirable mécanisme. Vous trouverez que vos deux agents sont le persécuteur de Job **(250)** et le protecteur du jeune Tobie, vous aurez honte de vous être cru manichéen et vous serez aussi bon chrétien que moi. **(251)**
— Seigneur Canutson, tout est déjà comme vous le dites.

En vérité, les opinions des philosophes ne sont que des mots. Monsieur Canutson était trop ami des lois pour demander absolument la grâce d'un directeur. Ayant écrit dès le même soir au colonel des gardes que Martin rachèterait son fils par deux hommes dont il serait la recrue, il le pria sans scrupule de lui accorder l'impunité d'un homme qu'il pouvait soustraire au châtiment sans bruit et sans éclat et par conséquent sans troubler l'ordre.

La réponse fut telle que la pouvait attendre un homme universellement estimé. Dès le lendemain Martin eut son fils dans sa maison. Cacambo négocia avec le reste de la famille. La fille reçut avec reconnaissance une cense **(252)** dont le seigneur Canutson lui faisait don, sous condition d'aller avec son mari et ses enfants l'habiter et la faire valoir. Le fils parut aussi content d'aller être propriétaire et cultivateur dans le même canton. Enfin, la femme, après quelques difficultés consentit de retourner vivre à Amsterdam, avec une pension honnête qui lui fut assurée. Huit jours après avoir communiqué ses peines à son illustre ami, Marin fut délivré de toutes. Monsieur Canutson en ressentit une grande satisfaction, quoique d'ailleurs **(253)** il fût accablé d'inquiétude et de chagrin.

CHAPITRE TRENTE-CINQUIÈME & DERNIER

Comme monsieur Canutson prit sur ses chagrins domestiques un parti vigoureux qui lui réussit. Il demande et obtient l'Ambassade de Danemark en Russie

Zénoïde ne pouvait pas douter que le nouvel ordre qu'elle avait mis dans l'hôtel ne parût à son mari un très grand désordre et ne lui déplût beaucoup. Mais comme elle n'envisageait pas les choses du même œil que lui, elle faisait fond sur la complaisance pour elle et sur l'habitude qui le familiariserait insensiblement avec les nouveaux amis et la nouvelle société. Elle était bien loin de pénétrer ce qu'il roulait en sa tête.

Monsieur Canutson prétextait ses occupations pour rester le soir en son appartement. Là il se livrait à ses réflexions. Zénoïde, se disait-il, m'a fait ce que je suis. Mais elle m'a invité elle-même à oublier ce que j'étais pour ne penser qu'à ce que je suis devenu. Je suis le chef de la maison, je suis père de famille, comptable **(254)** par conséquent à mes enfants de l'emploi de mon bien et au public du désordre qui règne dans mon domestique. Si le philosophe Martin, si indifférent à la louange et au blâme des hommes, si ce citoyen obscur et presque ignoré a considéré comme le plus grand de ses maux domestiques le mépris que lui attirait de la part de ses connaissances sa faiblesse vis-à-vis de sa femme, où en suis-je moi qui ai quelque réputation ?

Non ! Zénoïde, je ne souffrirai pas, mon honneur est le vôtre. Vous ne saurez être estimée si je suis méprisé. Vous m'avez fait votre égal, vos chers et vertueux parents m'ont établi votre protecteur et votre guide. Je manque à tous mes devoirs si j'ai la faiblesse de me laisser égarer avec vous. Chaque jour il se proposait de se déclarer hautement. Mais il voyait sa femme. Elle lui parlait avec tant de dégoût de son ancienne société, et que la reconnaissance devenant le sentiment le plus vif, il n'avait pas la force de chagriner une personne à qui il avait de si grandes obligations.

Comme il était au fort de cette perplexité, un officier du seigneur Warth-Adelich vint apporter les compliments de cet illustre ami, avec l'avis qu'il était arrivé à Copenhague, pour le mariage de sa cousine avec son amant devenu officier-général dans un service étranger. L'officier donna ce mariage pour excuse de ce que le seigneur gouverneur n'était pas venu prendre logement à l'hôtel. Monsieur Canutson se trouvant seul avec Zénoïde eut le courage de lui dire que pour cette fois il doutait de la sincérité du seigneur Warth-Adelich.

– Quelle imagination ! interrompit-elle. C'est un homme de qualité qui ne peut que se plaire en la compagnie des personnes de son rang.

Content d'avoir été deviné, et plus encore d'apercevoir que le message donnait à penser à Zénoïde, Candide délibéra avec soi-même sur la dernière résolution. Après une longue et vive discussion, non, se dit-il, je ne mépriserai point Zénoïde. Je ne veux point employer des étrangers pour intercesseurs entre elle et moi. Aujourd'hui elle prononcera elle-même entre nous.

Les deux époux se hâtèrent d'aller saluer l'illustre famille, dont ils furent reçus avec un peu plus de cérémonial qu'il n'y en avait eu jusques-là entre eux. Cela n'échappa point à monsieur Canutson, et la dame Warth-Adelich força bientôt Zénoïde à reconnaître le changement, en lui marquant de la surprise sur le goût qu'elle avait pris pour les compagnies nombreuses et bruyantes. Candide qui vit l'embarras de sa chère épouse, répondit pour elle avec son air et son ton d'ingénuité.

– C'est ma faute, Madame, c'est moi qui ai voulu que pendant mon absence ma chère Zénoïde menât, pour ainsi dire un nouveau genre de vie afin de se rendre à mon retour avec plus de volupté à l'ancien.

– L'idée est singulière, repartit le seigneur Warth-Adelich, et elle est juste. Quelques mois d'une vie oiseuse et dissipée donnent un nouveau goût, une espèce de passion, pour celle dont on peut se rendre compte tous les soirs avec quelque satisfaction. Quand j'ai passé quelques semaines à Copenhague, le désir d'être dans ma province est chez moi une espèce de fureur. Mais permettez-moi de vous faire observer seigneur Canutson, qu'il a été bien plus aisé d'attirer chez vous toute cette belle compagnie qu'il ne le sera de vous en débarrasser, quand vous le voudrez

Pendant que le seigneur Warth-Adelich parla, l'embarras de Zénoïde augmenta extraordinairement. Son tendre époux en souffrait beaucoup mais l'espérance d'en tirer parti lui donnait du courage.

– Vous faites là une réflexion, seigneur, reprit-il promptement, qui ne nous à point échappé et elle me rendait coupable d'imprudence, si nous n'avions pas eu en réserve un voyage sur nos acquisitions de Norvège, nouvelles plantations où la bienfaisance de ma chère Zénoïde aura occasion de se signaler.

Les illustres amis trouvèrent que c'était fort bien s'y prendre pour dénouer le nœud gordien **(255)** et la conversation passa sur un autre sujet. Zénoïde fut distraite pendant le reste de la visite. Dans le carrosse, elle serra plusieurs fois la main de son mari, et elle ne lui parla point. Il la conduisit à sa chambre où elle se jeta dans un fauteuil et aussitôt ses belles joues se couvrirent de ses larmes.

Candide fut alarmé, comme on le croira facilement. Toute la fermeté se serait éclipsée si Zénoïde se montrant sensible à ses tendres attentions, ne lui avait donné lieu de croire que la crise, s'il savait la conduire, finirait à sa satisfaction. Enfin les larmes et les sanglots ayant eu leur cours, la belle affligée lui dit en prenant une de ses mains dans les siennes.

– Oh mon cher Candide ! Quel douloureux quart d'heure je viens d'essuyer, et qu'il aurait été honteux pour moi, si votre bonté ne m'en avait sauvé l'humiliation ! Je sens tous mes torts et le prix de votre indulgence. Mais point de voyage en Norvège. Il aurait l'air d'un châtiment et, quoique je l'aie mérité, il ne nous serait honorable ni à l'un ni à l'autre que vous parussiez me punir. Faites mieux, cher époux. Il y a plusieurs ambassades vacantes. Sollicitez, briguez-en une, je ne doute point qu'elle ne vous soit accordée. Alors vous reformerez votre domestique, vous remonterez votre maison sur l'ancien pied. Je vous proteste que je suis si confuse de l'avoir changée, que rien au monde ne me ramènera jamais à des goûts qui lui soient contraires.

Qui pourrait exprimer la joie, le ravissement du reconnaissant Candide ? Ce jour fut pour lui comme le premier de son mariage. Il n'avait pas encore joui aussi pleinement du plaisir de posséder le cœur de Zénoïde.

S'étant informé sur les ambassades vacantes, il donna la préférence à celle de Russie. C'est, dit-il, un grand empire qu'un puissant génie tire du néant. J'y verrai la législation dans toute sa force et son activité. J'y acquerrai des connaissances. Je reviendrai plus capables de servir mon souverain et mon pays. Pour obtenir ce qu'il demandait, il n'eut besoin que de faire part de ces vues au Ministre son protecteur et son ami. Mais l'offre qu'il fit de servir sans appointements fut rejetée. La gloire du roi et de l'État, votre propre honneur, lui répondit le sage ministre, exigent que vous soyez sur le même pied que les autres ambassadeurs. Monsieur Canutson reconnut son imprudence et pria le ministre de l'oublier. Ah ! Pangloss, Pangloss ! s'écriait-il à part soi, tout est au mieux dans ce monde, mais c'est quand nous le voulons.

FIN

Notes et commentaires

- Les citations de l'*Encyclopédie* (1751–1780) renvoient à l'article nommé.
- Les citations de *Candide* (1759) renvoient à l'édition de René Pomeau dans les *Œuvres complètes* (1968-), 48 (1980).
- Les citations de *Candide, seconde partie* (1760) renvoient à l'édition d'Édouard Langille (2003).
- Les citations de *l'Essai sur les mœurs* renvoient à l'édition de René Pomeau (1963).
- Les citations du *Dictionnaire de l'Académie française* renvoient aux 1ère (1694), 5e (1798) et 6e (1835) éditions.

1 **Paulo graviora canamus** : « chantons des sujets un peu graves » : paraphrase de la fin du premier vers de l'*Eglogue* IV de Virgile : « *paulo majora canamus* » (chantons des sujets un peu élevés), qui sert souvent de transition pour passer à une question plus importante que celle qu'on vient de traiter.

2 **Candide ou l'optimisme, seconde partie,** 1760. (ci-après *Candide II*) Continuation du *Candide* de Voltaire où réapparaissent à peu près tous les personnages de l'original : Candide, Pangloss, Cunégonde, Cacambo. Ouvrage satirique où affleure la lutte des philosophes contre les « bien-pensants », vraisemblablement écrit par le jésuite défroqué Du Laurens. Henriot n'hésita pas à déclarer cette « suite apocryphe d'un chef-d'œuvre [presque] aussi amusante que le chef-d'œuvre lui-même », mais cette seconde partie de *Candide* n'a ni la force ni le pétillement de la première. Elle est néanmoins pleine de verve et de gaieté, tout à fait dans la manière de l'auteur des contes. Voir *Candide ou l'optimisme, seconde partie* (1760).

3 **Marqué au bon coin** : honnête homme, homme du parti que l'on croit le meilleur ; voir note 13.

4 *Lettres écrites de la campagne* ; *Lettres écrites de la montagne* : Après la publication d'*Émile* et du *Contrat social*, le Petit Conseil de Genève condamne Rousseau, adoptant ainsi la même attitude que les autorités françaises et catholiques. Le procureur général de Genève, Jean-Robert Tronchin, fait alors paraître les « Lettres écrites de la campagne », dans lesquelles il prétend réfuter Rousseau. « Les Lettres écrites de la montagne » (il faut noter la référence évangélique au sermon sur la montagne) que Jean-Jacques écrit à Môtiers reprennent donc, pour les défendre, les thèses des deux ouvrages condamnés. Mais elles en appliquent les arguments au cas particulier de la ville natale de Rousseau, dont l'auteur critique d'une part, à partir de la « Profession de foi du vicaire savoyard » (livre IV d'*Émile*), l'intolérance en matière religieuse et, d'autre part, la situation politique, qui correspond au processus de dégénérescence de la démocratie décrit dans le *Contrat social*. Ces « Lettres » écrites de la montagne ont pour objet de montrer que la Genève moderne ne correspond pas aux principes moraux et politiques qui devraient gouverner cette cité – les ennemis de Rousseau reproduisent l'attitude dogmatique dont les réformés entendaient précisément se débarrasser : « Qu'on me prouve aujourd'hui qu'en matière de foi je suis obligé de me soumettre aux décisions de quelqu'un, dès demain je me fais catholique, et tout homme conséquent et vrai fera comme moi ». Enfin, puisque les institutions politiques n'obéissent plus à la règle de leur établissement, Rousseau finira par renoncer à sa condition de citoyen de Genève. *Cf. Candide en Danemark*, chapitre 28.

5 **Le pessimisme de Jean-Jacques** : allusion aux écrits et à la philosophie de Jean-Jacques Rousseau (1712–1778) dont la célébrité datait de 1755, année où parut son *Discours sur l'origine de l'inégalité*. Outre le *Discours*, L'auteur de *Candide en Danemark* connaissait *Julie, ou La Nouvelle Héloïse* (1761), roman qui exaltait le retour à la vie naturelle, ainsi que *Le Contrat Social* et *Émile*, qui parurent tous deux en 1762 (et qui furent aussitôt condamnés par les autorités civiles et religieuses). Il est à noter que *Les Confessions* ne parurent qu'en 1782. Elles n'étaient donc pas connues de l'auteur de *Candide en Danemark*, à moins que ce dernier ait assisté

aux fameuses « lectures » de Jean-Jacques. Au sujet de la querelle évoquée entre Voltaire et Rousseau, on sait que la seule mention du tandem « Rousseau-Voltaire » – mettant ainsi les deux philosophes sur le même rang – outrageait le seigneur de Ferney au point où il s'exclamait à Mme du Deffand : « Comment avez-vous pu appeler du nom de grand homme un charlatan qui n'est connu que par des paradoxes et une conduite coupable ». Mais en dépit (ou peut-être même à cause) de la colère exprimée par Voltaire, la « querelle » n'en demeure pas moins ancrée dans les esprits. Un poète obscur nommé Dorat publie en 1766 (un an avant la parution de *Candide en Danemark*) un *Avis aux Sages du Siècle, MM. Voltaire et Rousseau* où il supplie des deux grands hommes de cesser leurs vaines disputes :

> Ô mes maîtres ! ne donnez pas
> L'exemple de ces vils combats
> Qui font rougir chaque adversaire.
> Pour l'honneur de l'humanité,
> Soyez unis, daignez m'en croire ;
> Vous avez la célébrité,
> Il fait songez à votre gloire.

Voir H Gouhier, *Rousseau et Voltaire, portrait dans deux miroirs*.

6 **L'optimisme de maître Pangloss** : allusion à « l'optimisme » de Leibniz, philosophe allemand (Leipzig, 1646 ; Hanovre, 1716). À l'origine, Leibniz soutenait dans sa *Théodicée* (1710) que le monde actuel est « le meilleur des mondes possibles ». *L'Encyclopédie* parle de cet ouvrage dans ces termes : « L'idée mère de l'auteur est celle-ci. Dieu embrasse une infinité de mondes qui tous pourraient exister. Mais de cette infinité de mondes possibles le meilleur seul, *optimus* (de là l'optimisme dont Voltaire s'est moqué dans *Candide*) a été préféré ; c'est celui où le bien, physique et moral, se trouve le mieux combiné avec ses contraires. Ce monde où le mal est permis, non pas voulu, contient à la fois les misères et les mauvaises actions des hommes, mais dans la moindre proportion toutefois et avec le moins d'inconvénients. » Il s'agit d'un optimisme radical qui prétend que le mal n'est qu'apparence et vue relative ou inadéquate. Système de pen-

sée auquel Voltaire s'attaque à travers le personnage satirique de Pangloss dans *Candide*.

7   **Avoir le dernier** : « Vouloir toujours avoir le dernier, c'est vouloir toujours répliquer le dernier dans une dispute. Il est opiniâtre, il veut toujours avoir le dernier », *Dictionnaire de l'Académie* (1694).

8   **Faire fond** sur quelque chose : y placer sa confiance.

9   **Judiciaire** : La faculté de bien juger : « cet homme a la judiciaire fort bonne, fort excellente », *Dictionnaire de l'Académie* (1798). « J'ai d'abord donné les moyens, et maintenant j'en montre l'effet. Quelles grandes vues je vois s'arranger peu à peu dans sa tête ! Quels sentiments sublimes étouffent dans son cœur le germe des petites passions ! Quelle netteté de judiciaire ! », Rousseau, Jean-Jacques, *Émile, ou de l'éducation* (1762) (édition de 1782), t. IV, p. 443.

10   **Jugement droit, cœur simple, esprit docile, caractère doux** : première phrase de *Candide*. « Il y avait en Vestphalie, dans le château de M. le baron de Thunder-ten-tronckh, un jeune garçon à qui la nature avait donné les mœurs les plus douces. Sa physionomie annonçait son âme. Il avait le jugement assez droit, avec l'esprit le plus simple ; c'est, je crois, pour cette raison qu'on le nommait Candide », p. 118.

11   **Père des plus beaux enfants du monde** : Candide n'a pas d'enfants à la conclusion de *Candide II* : « La mort de mademoiselle Cunégonde, que les correspondants des négociants jésuites répandirent dans Copenhague, procura à Zénoïde les moyens de concilier les esprits. Elle fit faire une généalogie pour Candide. L'auteur qui était habile homme le fit descendre de l'une des plus anciennes familles de l'Europe. Il prétendit même que son vrai nom était *Canut* que porta un des rois de Danemark, ce qui était très vraisemblable : *dide* en *ut* n'est pas une si grande métamorphose. Et Candide, moyennant ce petit changement, devint fort gros seigneur. Il épousa Zénoïde en public, il vécurent aussi tranquillement qu'il est possible de vivre. » cf. *Candide II*, p. 49.

12   **Canutson** : nom de Candide à la conclusion de *Candide II*, calqué sur celui du roi Canut II, dit le grand (p.995–1035), roi de Danemark, d'Angleterre et de Norvège. Voir n.11.

13   **Marquer au coin** : Canutson ressemble toujours au fond

à Candide. L'expression « marquer au coin » signifie porter la trace d'un coin (i.e. « certain morceau de fer trempé pour marquer de la monnaye, des médailles, de la vaisselle », *Dictionnaire de l'Académie* (1798). « Je ne connais point cet argent, lui répliqua le boulanger, il n'est point frappé au coin du roi qui règne aujourd'hui ; fais-moi part du trésor que tu es assez heureux sans doute pour avoir trouvé, je te promets le secret. Jemlikha prêt à s'impatienter, lui dit : cet argent est marqué au coin de Dakianos, le maître absolu de ce pays ; que puis-je te dire de plus ? », Caylus, *Histoire de Dakianos et des sept Dormants* (1786), p. 54. La métaphore a vite fait de s'étendre aux humains comme l'atteste l'expression « tous frappez à un mesme coing » citée par Cotgrave, *Dictionarie of the French and English Toungues* (1611).

14 **Compassée** : figurément, compasser ses actions. Compasser ses mœurs, pour dire, les bien régler. « Convenez que ce tableau n'aurait point eu lieu sur la scène ; que les deux amis n'auraient osé se regarder en face, tourner le dos au spectateur, se grouper, se séparer, se rejoindre ; et que toute leur action aurait été bien compassée, bien empesée, bien manière, et bien froide », D. Diderot, *Le Fils naturel ou les épreuves de la vertu* (Amsterdam, 1757), p. 156.

15 **(Tyrans) Journal de Trévoux** : cf. *Candide* Ch. XVI, « Comment veux-tu, disait Candide, que je mange du jambon, quand j'ai tué le fils de monsieur le baron, et que je me vois condamné à ne revoir la belle Cunégonde de ma vie ? à quoi me servira de prolonger mes misérables jours, puisque je dois les traîner loin d'elle dans les remords et dans le désespoir ? et que dira le *Journal de Trévoux ?* » p.176. Journal des jésuites aussi connu sous le nom de *Mémoires pour servir à l'histoire des sciences et des beaux-arts*, fondé en 1701 à Trévoux dans l'Ain où, en 1695, une imprimerie importante avait été installée. En 1701 les jésuites fondèrent le célèbre périodique les *Mémoires de Trévoux* et, à partir de 1704, ils y éditèrent le *Dictionnaire* dit *de Trévoux*. En 1747 Guillaume-François Berthier (1704–1782) fut chargé de la direction du *Journal*. Il y travailla jusqu'en 1762. Il y publia notamment, en 1755, une critique défavorable des *Lettres Philosophiques* de Voltaire. « On sait, déclare-t-il, que les

Lettres Philosophiques sont d'un célèbre auteur qui, presque dans tous ses écrits, attaque directement ou obliquement le Christianisme : s'il en loue quelques sectes, ce sont toujours celles qui sympathisent le plus avec le tolérantisme » (*J. de T.* (déc. 1755), p. 2939). Pendant ces mêmes années, Berthier attaqua le premier volume de *L'Encyclopédie* et surtout le *Discours préliminaire* de d'Alembert.

16 *De la Nature* : ouvrage de Jean-Baptiste-René Robinet (1735-1820) publié à Amsterdam en 1761, réédité en abrégé à Genève un an plus tard (1762). Jésuite défroqué, Robinet s'est converti aux opinions philosophiques. Son livre *De la Nature* fit du bruit, mais il n'en revendiqua la paternité dans une lettre datée du 18 mai 1762, insérée dans *Le Journal des Savants*, que quand il le vit attribuer à Toussaint, à Diderot, voire même à Hélvétius. Son but, dit-il dans la préface, est de montrer que le bien et le mal s'équilibrent dans toutes les substances et toutes leurs modalités. Son idée favorite, qu'il ne propose qu'avec réserve et en l'appuyant de nombreuses autorités, est que tous les êtres naturels, jusqu'aux planètes et aux étoiles, sont de véritables vivants, et comme tels ont la faculté de reproduction. Le ton du livre est passablement prétentieux. Dans sa préface Robinet donne cet avertissement aux philosophes de dimanche : « mon livre n'est donc pas fait pour les petits maîtres et les petites maîtresses, et tous les autres qui n'aiment pas à réfléchir. Je les préviens, c'est du poison pour eux. S'ils y prennent goût, ils perdraient aussi celui des frivolités qui les occupent si agréablement. Et quel gain occuperait cette perte. » La *Nouvelle biographie* de Hœffer (1852) résume de la manière suivante : « une mauvaise physique, une métaphysique assez médiocre forment le fonds de ce livre, rempli de paradoxes sur Dieu et ses attributs, sur l'âme, sur la matière, sur les sensations etc. ». L'allusion au « tombeau » l'auteur *De la Nature* (à Liège) demeure obscure car Robinet mourut à Rennes en 1820.

17 **Brouillon** : qui mêle tout.

18 **Le révérend père colonel** : le frère de Cunégonde, cf. *Candide II* Ch. XIX. « Le baron n'osa pas réclamer le cheval. Cunégonde pleura pendant un quart d'heure. Le jésuite ne montra aucun chagrin de cette catastrophe. – J'aurais été

obligé de le tuer ou de vous remarier, dit-il à sa sœur. Tout considéré, ce qui vient d'arriver vaut beaucoup mieux pour l'honneur de notre maison. Cunégonde partit avec son frère, il n'y eut que le fidèle Cacambo, qui ne voulut pas abandonner son ami », p. 47.

19 **Sa noble sœur** : Cunégonde.

20 **Prendre langue** : « se renseigner ». Expression attestée par le *Trésor de la Langue Française* : « en parlant d'une personne qui prend contact avec une autre pour avoir avec elle un entretien ». Chez Cyrano de Bergerac le sens est parfaitement celui de « se renseigner » : « Enfin, à force de prendre langue, nous avons su qu'après vous avoir pris, perdu, et repris je ne sais combien de fois, on vous menait à la prison de la grosse tour ». Cyrano de Bergerac, *États et Empires du soleil* (2003), p. 42.

21 **Aux prisons** : c'est-à-dire aux prisonniers.

22 **Timbalier** : celui qui battait les timbales dans la cavalerie. D'après l'*Encyclopédie* : « le timbalier, aussi bien que le trompette, dans les marches et les revues, est à la tête de l'escadron, trois ou quatre pas devant le commandant [...]. Le Timbalier doit être un homme de cœur, qui doit défendre les timbales au péril de sa vie, comme le cornette et le guidon doivent faire pour leur drapeaux ».

23 **Ducat** : « monnaie à effigie de duc », ancienne monnaie d'or des ducs de Venise.

24 **Sol** : « sou », pièce de monnaie valant le vingtième de la livre.

25 **Quarté** : d'après le sens « carré ». Ce mot n'est attesté dans aucun dictionnaire.

26 **Ceps** : chaînes destinées à retenir un prisonnier. *Le Thrésor* (1606) donne la définition suivante : « cep est un instrument fait de deux pièces de bois entaillées sur le bord, en même endroit lesquelles jointes détiennent les pieds, ou les mains, ou les quatre ensemble du malfaiteur qui y est mis. C'était au premier une manière de prison et détention des criminels, tant que leur procès leur fût parfait jusques à jugement définitif inclusivement. Et celui qui en avait la garde et le regard, était appelé cepier, que nous appelons geôlier. »

Candide en Dannemarc 153

27 **Fermeté anglaise ou romaine** : stoïcisme. cf. *Candide II* Ch. XVII « La passion de la gloire fut toujours celle des grands philosophes. Caton d'Utique se tua après avoir bien dormi, Socrate avala la ciguë après s'être familièrement entretenu avec ses amis. Plusieurs Anglais se sont brûlé la cervelle au sortir d'un repas [...] », p. 41.

28 On se rappelle les vers de *Phèdre* : « Est-ce un malheur si grand que de cesser de vivre ? ».

29 **Volhall** : ce personnage meurt à la fin de *Candide II*. « À peine y fut-il arrivé, qu'il apprit la mort de Volhall. Ce barbare ne fut regretté de personne, et tout le monde s'intéressa pour Candide », cf. *Candide II*, p. 48.

30 **Baron de Thunder-ten-Tronckh** : frère de Cunégonde.

31 **Du porc et des pommes de terre** : cf. Candide Ch. 1er. « Il est démontré, disait-il, que les choses ne peuvent être autrement : car, tout étant fait pour une fin, tout est nécessairement pour la meilleure fin. Remarquez bien que les nez ont été faits pour porter des lunettes, aussi avons-nous des lunettes. Les jambes sont visiblement instituées pour être chaussées, et nous avons des chausses. Les pierres ont été formées pour être taillées, et pour en faire des châteaux, aussi monseigneur a un très beau château ; le plus grand baron de la province doit être le mieux logé ; et, les cochons étant faits pour être mangés, nous mangeons du porc toute l'année : par conséquent, ceux qui ont avancé que tout est bien ont dit une sottise ; il fallait dire que tout est au mieux », p. 119-20.

32 **Baiser derrière un paravent** : cf. *Candide* Ch. 1er. « Le lendemain après le dîner, comme on sortait de table, Cunégonde et Candide se trouvèrent derrière un paravent ; Cunégonde laissa tomber son mouchoir, Candide le ramassa, elle lui prit innocemment la main, le jeune homme baisa innocemment la main de la jeune demoiselle avec une vivacité, une sensibilité, une grâce toute particulière ; leurs bouches se rencontrèrent, leurs yeux s'enflammèrent, leurs genoux tremblèrent, leurs mains s'égarèrent. M. le baron de Thunder-ten-tronckh passa auprès du paravent, et voyant cette cause et cet effet, chassa Candide du château à grands coups de pied dans le derrière [...] », p. 121.

33 **Martin** : philosophe « pessimiste » et manichéen dans

Candide ; cf. Ch. XIX-XXX. « Ce savant, qui était d'ailleurs un bon homme, avait été volé par sa femme, battu par son fils, et abandonné de sa fille qui s'était fait enlever par un Portugais. Il venait d'être privé d'un petit emploi duquel il subsistait ; et les prédicants de Surinam le persécutaient parce qu'ils le prenaient pour un socinien. Il faut avouer que les autres étaient pour le moins aussi malheureux que lui ; mais Candide espérait que le savant le désennuierait dans le voyage. [....] Le vieux savant, qui s'appelait Martin, s'embarqua donc pour Bordeaux avec Candide », p. 200. Martin est aussi mentionné dans *Candide II*, cf. Ch.1ᵉʳ et suite.

34 Cf. *Candide II* Ch. XIV : « Ces amants, dont les jours coulaient auparavant dans la tristesse et dans l'ennui, s'écoulèrent rapidement dans une ivresse continuelle. La sève délicieuse du plaisir circula dans leurs veines. Le silence des forêts, les montagnes couvertes de ronces et entourées de précipices, les plaines glacées, les champs remplis d'horreur dont ils étaient environnés, les persuadèrent de plus en plus du besoin qu'ils avaient de s'aimer », p. 35.

35 **Baliff** : de l'ancien français bail > « gouverneur ». Bailli : officier d'épée ou de robe qui rendait justice au nom du roi ou d'un seigneur.

36 Cf. *Candide II*, Ch. III-VI.

37 Cf. *Candide II*, Ch. XII.

38 **Le crime fait la honte, et non pas l'échafaud** : proverbe attesté par Dumas-père. « Le crime fait la honte, et non pas l'échafaud, comme a dit un grand poète », A. Dumas (père), *La comtesse de Charny*, A Dumas illustré, t. VI, 34, p. 89 ; voir aussi A. Dumas, père, *Balsamo, mémoires d'un médecin*, A. Dumas illustré, t. V, 150, p. 381.

39 *Multi vocati, pauci electi* : « *multi sunt vocati, pauci vero electi* » Matt. XX : « il y a beaucoup d'appelés et peu d'élus ». Cette parole se trouve deux fois dans l'Évangile et deux fois à la fin d'une parabole.

40 **Appareil** : « apprêt, préparatif », *Dictionnaire de l'Académie* (1694).

41 **Fréron** : Élie Catherine Fréron (Quimper 1718-Paris 1776), publiciste et critique littéraire français. « De l'utilité

des voyages relativement aux sciences et aux mœurs », *Année littéraire*, t. V, p. 161. Ancien jésuite, Fréron fonda en 1754 une revue, *l'Année littéraire*. Il y soutint une lutte opiniâtre contre les philosophes. Voltaire répliqua aux attaques de Fréron dans la satire du *pauvre Diable* (juin 1760), dans la comédie *L'Écossaise* (1760), où Fréron servait de modèle au personnage de Frélon (ou Wasp) ainsi que dans maintes épigrammes : « L'autre jour, au fond d'un vallon, Un serpent piqua Jean Fréron : Que pensez-vous qu'il arriva ? ... Ce fut le serpent qui creva. » Aussi Voltaire s'amuse-t-il à désigner Fréron sous les noms de bestioles répugnantes. Dans *Le pauvre Diable* « le ver Fréron » est un « vermisseau né du cul de Desfontaines » ; « Je m'accostai d'un homme à lourde mine, Qui sur sa plume a fondé sa cuisine, Grand écumeur des bourbiers d'Hélicon, De Loyola chassé pour ses fredaines, Vermisseau né du cul de Desfontaines, Digne en tous sens de son extraction, Lâche zoïle, autrefois laid giton : Cet animal se nommait Jean Fréron » (Legrand, p. 116). Fréron était cependant un homme d'une vaste culture et d'une verve ironique reconnues par ses ennemis mêmes (D9084). cf. *Candide*, Ch. XXII. Voir *Anecdotes sur Fréron*, édition critique par Jean Balcou. Voir aussi J. Balcou, *Le dossier Fréron*.

42 Cf. *Candide II*, Ch. V.

43 Cf. ibid. : allusions aux théories matérialistes des physiocrates et notamment celles Victor Riquetti de Mirabeau (1715–1789) développées dans son ouvrage *L'Ami des Hommes* (1755).

44 **les moments qui précèdent l'entière suffocation sont des moments de plaisir que le voluptueux qui en aurait l'idée envierait aux suppliciés** : voir J. Money, *The Breathless Orgasm : A Lovemap Biography of Asphyxophilia* (Amherst, NY : Prometheus Books, 1991). Pour un traitement littéraire du sujet («selon une superstition fondamentale la mandragore naissait au pied du gibet, engendrée par l'urine et le sperme des suppliciés ») voir H. Rey-Flaud, « Freud et la Mandragore », dans *Et c'est la fin pour quoy sommes ensemble : hommage à Jean Dufournet* (Paris : Champion, 1993), p. 1198.

45 **Lanterne magique** : divertissement favori de Voltaire et

de Mme du Châtelet à Cirey. Voir Mme de Graffigny, *La Vie privée de Voltaire et de Mme Du Châtelet pendant un séjour de six mois à Cirey*, p. 52-53.

46 **Un animal risible** : lieu commun de la littérature humaniste. « Je le laissai s'épanouir la rate, non sans être tenté de suivre son exemple ; mais je me contraignis pour garder le décorum dans la rue, et mieux contrefaire le médecin qui n'est pas un animal risible », Lesage, *Histoire de Gil Blas de Santillane* (Paris, 1715), t. I, p. 170.

47 **Il y aurait du plaisir à se faire pendre** : allusion inexacte. Il s'agit en réalité de « cinquante coup de nerf de bœuf sous la plante des pieds », marque de faveur royale au chapitre III de *Candide II*.

48 **Norvège** : cf. *Candide II*, Ch. XII.

49 **Cunégonde** : « Il y avait quelques jours qu'il avait aperçu un visage qui ressemblait à mademoiselle Cunégonde. Il retrouva ce même visage dans la cour de Volhall. L'objet qui le portait était très mal vêtu et il n'y avait pas d'apparence qu'une favorite d'un grand mahométan se trouvât dans la cour d'un hôtel à Copenhague », cf. *Candide II*, p. 38.

50 **La fille du Pape Urbain** : la vieille de *Candide*. « Je n'ai pas eu toujours les yeux éraillés et bordés d'écarlate ; mon nez n'a pas toujours touché à mon menton, et je n'ai pas toujours été servante. Je suis la fille du pape Urbain X, et de la princesse de Palestrine. »

51 **Pékin** : étoffe de soie peinte, étoffe présentant des rais alternativement mats et brillants ou de couleurs de mat différents, du nom de la ville de Pékin en Chine.

52 **Une vieille tour [...] habitée que par les hiboux** : décor « romantique » à la Chateaubriand. En réalité, on trouve bien des « château hideux » dans la littérature des Lumières. À preuve ce passage *Des Bijoux indiscrets* de Diderot (1748) : « Il dort, mais on croirait qu'il contemple. Il n'a pour toute compagnie qu'un hibou qui sommeille à ses pieds, quelques rats qui rongent sa natte, et des chauves-souris qui voltigent autour de sa tête. On l'évoque en récitant au son d'une cloche le premier verset de l'office nocturne des bramines ; alors il relève son capuce, frotte ses yeux, chausse ses sandales, et part. Figurez-vous un vieux camaldule porté dans les

airs par deux gros chats-huants qu'il tiendrait par les pattes. Ce fut dans cet équipage que Cucufa apparut au sultan », p. 14. Voir A. Longueil, « The Word Gothic in Eighteenth-Century Criticism » ; J. Roudault, « Les Demeures dans le Roman Noir ».

53 **Lierre** [...] **ormeau** : métaphore attestée depuis la Renaissance. « Faites, comme le lierre L'ormeau de son bras enserre, Qu'elle soit jusqu'au trépas entre mes bras », Urfé, *L'Astrée* (Paris, 1610-1628), t. III, p. 681 ; « La paille légère s'attache moins fortement à l'ambre, la vigne à l'ormeau, le lierre au chêne », Voltaire, *Le Taureau Blanc*, Moland, t. 21, p. 494.

54 Motif de la belle prisonnière persécutée par un tyran, typologie annonçant le roman « gothique ». Vers la fin du XVIIIe siècle, l'exaltation et l'exaspération croissantes de la sensibilité se traduisent aussi bien en France dans les romans du marquis de Sade ou de Restif de La Bretonne qu'en Grande-Bretagne, dans un genre populaire nouveau : le « roman noir », également appelé « roman gothique », qui met en scène des fantômes, des châteaux et des personnages terrifiants. Avec *le Château d'Otrante* (1764), Horace Walpole inaugure ce genre. Illustré ensuite par Ann Radcliffe (1764-1823), Matthew Gregory Lewis (1775-1818) et Charles Robert Maturin (1782-1824), le roman noir s'impose et se développe en France sous le Directoire, l'Empire et la Restauration. Il a sans doute joué un rôle décisif dans la genèse du romantisme. D'abord méprisés par la critique officielle, les romans noirs ont été redécouverts par les surréalistes qui les portèrent au pinacle. Voir Maurice Lévy, *Le Roman « gothique » anglais 1764-1824*.

55 **Héros des gazettes** : « Le roi des Bulgares passe dans ce moment, s'informe du crime du patient ; et comme ce roi avait un grand génie, il comprit, par tout ce qu'il apprit de Candide, que c'était un jeune métaphysicien, fort ignorant des choses de ce monde, et il lui accorda sa grâce avec une clémence qui sera louée dans tous les journaux et dans tous les siècles », p. 124.

56 **Gothique** : « arriéré ». D'après le *Dictionnaire de l'Académie* (1798) : « se dit aussi par une sorte de mépris, de

ce qui paraît trop ancien et hors de mode. Cela est gothique. Un habillement gothique. Il a les manières gothiques ». Restif de la Bretonne emploie le mot dans un sens voisin : « J'aurais bien peu profité de tes leçons, si je croyais encore à cette vertu gothique de mon village », Restif de la Bretonne, *Le Paysan perverti* (Paris : La Haye, 1776), t. II, p. 43.

57 **Créature**: « se dit figurément d'une personne qui tient sa fortune et son élévation d'une autre. C'est la créature d'un tel ; cet homme a beaucoup de créatures, s'est fait beaucoup de créatures », *Dictionnaire de l'Académie* (1762).

58 **Romanesque** : au sens d'audacieux, effronté, insolent. « Toute cette marche romanesque lui échauffait la tête d'autant, et la tête échauffée ne nuit à rien. Il arrive enfin, et la surprise et l'amour causaient en lui un véritable enchantement », Laclos, *Les Liaisons dangereuses* (1782), p. 47.

59 **Gouvernement** : la ville et le pays sous le pouvoir du gouverneur.

60 **Distrait**: Distraire: « Tirer, séparer une partie d'un tout. Si on décrète cette terre, il en faudra distraire tel fief. Sur cette somme il faut distraire tant. De ces papiers, il en faut distraire ceux qui regardent une telle succession. En ce sens il ne se dit guère qu'en termes d'affaires », *Dictionnaire de l'Académie* (1762).

61 **Du plus loin que** : « De la plus grande distance possible. Du plus loin que je l'ai aperçu, j'ai couru au-devant de lui. D'aussi loin qu'il me vit, il accourut vers moi », *Dictionnaire de l'Académie* (1832).

62 **Forages** : fourrages.

63 **Manger** : absorber.

64 **Politiques** : hommes politiques.

65 **Ustensile** : tout ce qui est nécessaire dans une maison, meuble, objet, outil.

66 **Cassier** : caissier. D'après Huguet (1585) : « Il est forcé aux marchands de commettre quelqu'un qui ait la charge de le recevoir [l'argent] et bailler, lequel ils nomment cassier ».

67 **Manants** : « habitant qui demeure et est habitué en un bourg ou village. En ce sens on ne le met guère qu'au pluriel et en cette phrase. Les manants et habitants de telles pa-

roisse », *Dictionnaire de l'Académie* (1694).

68 **Enveloppé** : « figurément, environner, entourer. Envelopper l'ennemi de toutes parts. Il faut envelopper cette hauteur, ce village », *Dictionnaire de l'Académie* (1798).

69 **Cordon** : « ligne de postes de surveillance »

70 **Disette** : famine.

71 **Chapelain** : aumônier ; « Prêtre qui dit ordinairement la Messe dans une chapelle pour quelque personne de condition ». C'est son Chapelain », *Dictionnaire de l'Académie* (1694).

72 **Épreinte** : « Douleur causée par une matière âcre, qui donne de fausses envies d'aller à la selle ». *Dictionnaire de l'Académie* (1762).

73 **Lénitif** : adoucissement, consolation.

74 **Greffe** : Bureau où l'on garde des minutes et actes de procédure.

75 **Le seigneur Warth-Adelich** : libérateur de Zenoïde.

76 **En cour** : à la cour.

77 **Effet, cause** : cf. *Candide*, Ch. 1er. « Pangloss enseignait la métaphysico-théologo-cosmolo-nigologie. Il prouvait admirablement qu'il n'y a point d'effet sans cause, et que, dans ce meilleur des mondes possibles, le château de monseigneur le baron était le plus beau des châteaux et madame la meilleure des baronnes possibles », p. 119.

78 **Bilfeld** : Bielefeld. Ville de la Westphalie, province natale de Candide.

79 **Porte, fenêtre** : cf. *Candide*, Ch. 1er. « Monsieur le baron était un des plus puissants seigneurs de la Vestphalie, car son château avait une porte et des fenêtres », p. 118.

80 **Cartel** : écu figurant dans une carte ; cartouche entourant une inscription, une devise, des armoiries. « [...] arbre généalogique aux rameaux touffus chargés de cartels », T. Gautier, *Le Capitaine Fracasse* (1863), p. 225.

81 **Naturel** : « Inclination, humeur naturelle », *Dictionnaire de l'Académie* (1762).

82 **Possibles** : « Il s'emploie quelquefois substantivement, au masculin. Les bornes du possible. Faire le possible, son possi-

ble, tout son possible pour qu'une chose soit. Ces phrases sont familières », *Dictionnaire de l'Académie* (1832-1835).

83 **Plus prompt que l'éclair** : expression trouvée chez Rousseau. « Dis un mot, un seul mot, et je reviens plus prompt que l'éclair. Dis un mot, et pour jamais nous sommes unis, Nous devons l'être ; ... nous le serons... Ah ! l'air emporte mes plaintes !... & cependant je fuis ; je vais vivre & mourir loin d'elle... vivre loin d'elle !... » Rousseau, *Julie, ou la Nouvelle Héloïse* (Amsterdam, 1761), t. II, p. 21.

84 **Généalogie de Candide** : c'est la conclusion de *Candide II*. « Elle fit faire une généalogie pour Candide. L'auteur qui était habile homme le fit descendre de l'une des plus anciennes familles de l'Europe. Il prétendit même que son vrai nom était *Canut* que porta un des rois de Danemark, ce qui était très vraisemblable : *dide* en *ut* n'est pas une si grande métamorphose. Et Candide, moyennant ce petit changement, devint fort gros seigneur », cf. *Candide II*, p. 49.

85 **Poste** : « chevaux, au autres voitures établies de distance en distance pour faire diligemment des courses, des voyages », *Dictionnaire de L'Académie* (1694).

86 **Révolution** : « Vicissitude, grand changement dans la fortune, dans les choses du monde. Grande, prompte, subite, soudaine, étrange, merveilleuse, étonnante révolution », *Dictionnaire de l'Académie* (1694).

87 **Tacite** : allusion au stoïcisme de Tacite, historien romain.

88 **Écu** : ancienne pièce de cinq francs en argent.

89 Cf. *Candide*, Ch.1er. « Candide écoutait attentivement, et croyait innocemment [...] », p. 120.

90 **Cordon** : cordon d'un ordre de chevalerie, décoration militaire.

91 Cf. *Candide*, Ch.1er. « Les anciens domestiques de la maison soupçonnaient qu'il était fils de la sœur de monsieur le baron et d'un bon et honnête gentilhomme du voisinage, que cette demoiselle ne voulut jamais épouser parce qu'il n'avait pu prouver que soixante et onze quartiers, et que le reste de son arbre généalogique avait été perdu par l'injure du temps », p. 118.

Candide en Dannemarc 161

92 Cf. *Candide*, Ch.1ᵉʳ. « Il y avait en Vestphalie, dans le château de M. le baron de Thunder-ten-tronckh, un jeune garçon à qui la nature avait donné les mœurs les plus douces. Sa physionomie annonçait son âme. Il avait le jugement assez droit, avec l'esprit le plus simple ; c'est, je crois, pour cette raison qu'on le nommait Candide », p. 118.

93 **Ami** : cf. *Candide*, Ch. XIX. «Cacambo applaudit à cette sage résolution. Il était au désespoir de se séparer d'un bon maître [Candide], devenu son ami intime ; mais le plaisir de lui être utile l'emporta sur la douleur de le quitter », p. 197.

94 **Vendre à pot et à pinte** : tavernier. Selon le *Dictionnaire de l'Académie* (1694) « vendre au pot et à la pinte ».

95 **Tailler en plein drap** : « on dit proverbialement et figurativement qu'un homme peut tailler en plein drap, qu'il a de quoi tailler en plein drap, pour dire qu'il a amplement, abondamment tout ce qui peut servir à l'exécution de son dessein. Et l'on dit, qu'un homme a taillé en plein drap, pour dire qu'il a été en pouvoir de faire ce qu'il a voulu », *Dictionnaire de l'Académie* (1694). « Vous concevez d'abord que, dans une fable si bien imaginée, il y a de l'étoffe de reste, et qu'un bon ouvrier y peut, comme on dit, tailler en plein drap [...] », Grimm, *Correspondance littéraire* (avril 1762).

96 **La conquête du royaume de Naples par les Normands** : le royaume de Naples fut pris par les Normands au XIᵉ siècle.

97 **Empereur Gallien** : Publicus Licinius Egnatius Gallienus (v. 218 – Milan, 268). Empereur romain (253–68).

98 **Une princesse de Russie** : Philippe Auguste eut trois épouses dont Isabelle de Hainaut (1180), Isambour de Danemark (1193) (qu'il trouve laide et qu'il répudie au bout de quelques jours, la faisant cloîtrer au couvent de St Maur des Fossés), et l'Allemande Agnès de Méran (1193). La « princesse russe », est sans doute l'une de ces deux dernières.

99 **Allodiaux** : terme de droit féodal « propriété d'alleu », - qui est tenu en franc-alleu par opposition à féodal. Guizot fait la distinction suivante : « Vous savez qu'on distinguait les propriétés allodiales, ou entièrement libres, et les propriétés bénéficiaires, ou soumises à certaines obligations envers un supérieur ». Guizot, *Histoire générale de la civilisation en*

Europe (1828), p. 13.

100 **Christian II** : roi du Danemark (1481-1559) qui s'empara de la Suède. Cf. *Candide II*, Ch. XIII. La cruauté et l'absolutisme de Christian II favorisèrent la révolte dont il est fait mention ici. Chassé du trône de Danemark, il tenta de le reprendre et fut emprisonné par son successeur Frédéric 1er. Dans son *Essai sur les Mœurs*, Ch. CXXX, Voltaire appelle Christian II le « Néron du Nord » et le « tyran du Danemark ».

101 **Frédéric III** : roi du Danemark de 1648 à 1670, adversaire de Charles X de Suède.

102 Cf. *Candide II*, Ch. XX. « La mort de mademoiselle Cunégonde, que les correspondants des négociants jésuites répandirent dans Copenhague, procura à Zénoïde les moyens de concilier les esprits », p. 49.

103 **Gentilhommier** : néologisme signifiant « noble », « propre à un gentilhomme ». On le repère dans un curieux texte de Heinrich Heine paru dans une édition illustrée de Don Quichotte (Stuttgart, 1837) : « Mais cet élément gentilhommier, chevaleresque, aristocratique, disparaît complètement dans le roman des Anglais, qui, les premiers, ont imité Cervantès, et sont demeurés jusqu'aujourd'hui nos modèles », H. Heine, « Don Quichotte », dans *De tout un peu* (Paris : Michel-Lévy, 1837), p. 229.

104 **Chapitral** : relatif à un chapitre. Le sens donné ici semble être « dans un pays où il y a beaucoup d'ordres de chevalerie ».

105 **Donner la droite** : donner la main droite ; épouser légitimement,

106 **Dispar** : mixte.

107 **Venir en chenille** : « la queue leu-leu » ? « Chenille » signifie une personne négligeable ou méprisable. D'après le *Dictionnaire de l'Académie* (1798) : « On dit figurément et familièrement d'un homme qui se plaît à mal faire, que C'est une chenille, une méchante chenille. On le dit aussi d'un importun. C'est une chenille dont on ne saurait se débarrasser. »

108 **Faire nos stations** : visites. « Pause, demeure de peu de

durée qu'on fait en un lieu. On dit dans le style familier, Faire une station en quelque endroit, ou simplement, Faire station, pour dire, S'y reposer quelque temps », *Dictionnaire de l'Académie* (1798).
109 Quand Pangloss meurt-il ?
110 Cf. *Candide*, Ch. XIX. « – Ô Pangloss ! s'écria Candide, tu n'avais pas deviné cette abomination ; c'en est fait, il faudra qu'à la fin je renonce à ton optimisme. – Qu'est-ce qu'optimisme ? disait Cacambo. – Hélas ! dit Candide, c'est la rage de soutenir que tout est bien quand on est mal. Et il versait des larmes en regardant son nègre, et en pleurant, il entra dans Surinam », p. 196.
111 Cf. *Candide*, Ch.1er.
112 Cf. *Candide*, Ch. II.
113 Cf. *Candide*, Ch. V.
114 Cf. *Candide*, Ch. VI.
115 Cf. *Candide*, Ch. X.
116 **Etre cocufié en herbe** : allusion au « mariage » de Cunégonde avec Don Fernando d'Ibaraa, y Figueora, y Mascarenes, y Lampourdos, y Souza, Gouverneur de Buenos Ayres annonçait au chapitre XIII de *Candide*. « La vieille dit à Cunégonde : Mademoiselle, vous avez soixante et douze quartiers, et pas une obole ; il ne tient qu'à vous d'être la femme du plus grand seigneur de l'Amérique méridionale, qui a une très belle moustache ; est-ce à vous de vous piquer d'une fidélité à toute épreuve ? Vous avez été violée par les Bulgares etc. » En fait Cunégonde n'épouse pas le gouverneur mais elle en devient la maîtresse favorite. Au chapitre XIX on découvre que « la belle Cunégonde est la maîtresse favorite de monseigneur », p. 166. L'expression « en herbe » signifiant : qui commence, qui se prépare, qui n'est qu'à un stade de développement peu avancé. » Selon le *Dictionnaire de l'Académie* (1798) : « On dit proverbialement et figurément d'un jeune bachelier, que *c'est un docteur en herbe*, pour dire, qu'il parviendra un jour à être Docteur. »
117 Cf. *Candide*, Ch. XIV.
118 Cf. *Candide*, Ch. XIX.
119 Cf. *Candide*, Ch. XXVII ; *Candide II*, Ch. VIII.

120 Cf. *Candide*, Ch. XXX
121 Cf. *Candide*, Ch. XXX.
122 **Estrapade** : supplice originellement en usage dans l'armée et la marine qui consistait à hisser un patient à un mât ou à une potence, les membres liés derrière le dos, et à le laisser retomber plusieurs fois près du sol ou dans la mer, cf. *Candide*, Ch. II « les passer par les baguettes ». «Un pas hors du sanctuaire, il retombait dans le flot. La roue, le gibet, l'estrapade, faisaient bonne garde autour du lieu de refuge, et guettaient sans cesse leur proie comme les requins autour du vaisseau », V. Hugo, *Notre-Dame de Paris* (1880), p. 206.
123 Cf. *Candide II*, Ch. IV.
124 Cf. *Candide II*, Ch. VI.
125 **Gueuserie** : condition d'extrême pauvreté. Indigence, misère, pauvreté. « La cause de leur étonnement procédait de mon équipage, car comme en matière de gueuserie j'étais assez nouveau, j'avais arrangé sur moi mes haillons si bizarrement, qu'avec une démarche qui ne convenait point à l'habit, je paraissais moins un pauvre qu'un mascarade », Cyrano de Bergerac, *Les États et Empires du soleil* (Paris: Flammarion, 2003), p. 29.
126 Cf. *Candide II*, Ch. XI.
127 Ibid., Ch. XVII.
128 Ibid., Ch. XVIII.
129 Ibid.
130 Ibid.
131 Ibid., Ch. XIX.
132 **Quintal** : poids de cent livres. Selon l'*Encyclopédie* : « le quintal, quoique de cent livres, n'est pas égal partout ; il diffère quelquefois de cinq, de dix ou de vingt pour cent, plus ou moins, suivant que la livre est composée de plus ou de moins d'onces, ou que les onces sont plus fortes ou plus faibles, dans les lieux où l'on achète et vend les marchandises. Par exemple, le quintal de Paris rend à Marseille cent vingt-trois livres ; et le quintal de poids de Marseille ne rend à Paris que quatre-vingt-une livres : cette différence provient de ce que la livre de Paris est composée de seize onces, et que celle de Marseille n'est composée que de treize onces, ce qui

se doit entendre poids de marc, car la livre de Marseille est aussi de seize onces poids de table ».

133 **Ottomane** : grand siège à pieds de forme ovale. À noter que le *Robert* ne l'atteste pas avant 1780. De même *Dictionnaire de l'Académie* n'en fait pas mention avant l'édition de 1835 : « sorte de grand siége sans dossier, où plusieurs personnes peuvent être assises à la fois. » L'occurrence du mot « ottomane » dans *Candide en Danemark* suggère que le mot est entré dans l'usage dès 1765.

134 **Crépines** : large galon de passementerie ajouré et garni de franges ou de glands utilisé à des fins décoratives. Le mot est attesté dans le *Dictionnaire de l'Académie* de 1798 : « Sorte de frange qui est tissue et ouvragée par le haut. Crépine d'argent. Crépine d'or et d'argent. Crépine de soie. Riche crépine. Grande, petite crépine. La crépine d'un lit. Crépine de *soie* torse. La crépine d'un carrosse, d'un dais, d'une tapisserie de velours, de damas.

135 **Damas** : étoffe monochrome, à double face, généralement en soie, ornée de dessins satinés, en relief sur fond mat, formés par le tissage. Le *Dictionnaire de l'Académie* (1694) fait valoir que l'étoffe prend son nom de la ville de Damas en Syrie : « Étoffe de soie à grandes fleurs, ainsi nommée, parce que la première manufacture en est venue de Damas, ville de Syrie ».

136 On est loin dans ce passage de l'ironie voltairienne. Cf. *Candide*, Ch. IV. « À ce discours, Candide s'évanouit encore ; mais revenu à soi, et ayant dit tout ce qu'il devait dire, il s'enquit de la cause et de l'effet, et de la raison suffisante qui avait mis Pangloss dans un si piteux état. – Hélas ! dit l'autre, c'est l'amour ; l'amour, le consolateur du genre humain, le conservateur de l'univers, l'âme de tous les êtres sensibles, le tendre amour. – Hélas ! dit Candide, je l'ai connu, cet amour, ce souverain des cœurs, cette âme de notre âme ; il ne m'a jamais valu qu'un baiser et vingt coups de pied au cul. – Comment cette belle cause a-t-elle pu produire en vous un effet si abominable ? », p. 130.

137 **Esprits vitaux** : « esprits au pluriel, sont de petits corps légers, chauds et invisibles, qui portent la vie et le sentiment dans les parties de l'animal. Esprits vitaux », *Dictionnaire de*

l'Académie (1694).

138 **Usufruitier** : terme de jurisprudence. Celui qui a la jouissance d'une chose par usufruit, soit pendant un certain temps limité soit par son titre. **Usufruit** : est le droit de jouir indéfiniment d'une chose appartenant à autrui.

139 **Providence supérieure** : théorie déiste chère à Voltaire. Croyance en l'existence de Dieu, mais sans référence à une révélation. Le déisme exprime une grande confiance dans l'homme capable de s'élever seul jusqu'à la divinité, sans le secours d'aucune médiation. La raison suffit au déiste pour reconnaître l'existence de Dieu et trouver les moyens de l'honorer par la pratique des vertus morales. Ainsi Voltaire constate que la « mécanique de l'univers » nécessite un « horloger », Rousseau arrive à Dieu par le spectacle de la nature et l'existence de sentiments divins chez l'homme que la société n'a pas perverti. Voltaire et Rousseau furent chacun déistes à leur manière, mais ils se retrouvèrent pour critiquer vivement le christianisme et l'Église catholique. Les déistes raillaient les divisions des chrétiens, le sang qu'elles avaient fait couler. Ils rapprochaient les livres sacrés, les croyances et les rites des divers cultes pour s'en moquer, stigmatiser la futilité de ces différences et préconiser la tolérance réciproque.

140 **Curatelle** : terme de jurisprudence. La charge et fonction de curateur, c'est-à-dire, la commission donnée à quelqu'un d'administrer les biens d'un autre, qui, par rapport à la faiblesse de son âge ou par quelque autre empêchement ne peut le faire lui-même. **Curateur** : celui qui est établi pour veiller aux intérêts de quelqu'un qui ne peut y veiller par soi-même. « Femmes, qui transformez vos maris en oiseaux, Ne vous en lassez point, la forme en est très belle ; Car, si vous les laissez en leurs premières peaux, Ils voudront vous tenir toujours en curatelle, Et comme hommes voudront user de leur puissance ; Au lieu qu'estant oiseaux, ne vous feront d'offense. Brantôme, *Vies des dames galantes* (1666 ; réimprimé 1873–1876), t. IX p. 230.

141 Cf. *Candide*, Ch. XVIII et suite.

142 **Souper de Venise** : Cf. *Candide*, Ch. XXV.

143 **Chapitral** : Noble ? l'adjectif « chapitral » signifiant « re-

latif à un chapitre ». *Huguet* note l'adverbe « chapitralement » ou « comme les chanoines ».
144 Cf. *Candide*, Ch. XVII.
145 **Guérissez-vous de la manie de raisonner en pédant**... Définition même du comportement de l'honnête homme aux XVIIe, XVIIIe siècles. Ce modèle est codifié par Faret qui adapte en 1630 le célèbre ouvrage italien de Castiglione *Le Courtisan*, agrémenté de réflexions empruntées à Montaigne. « L'honnête homme » récupère les vertus héroïques : bon guerrier, bon amant, et la morale chrétienne. S'y ajoutent la maîtrise de soi, la capacité de s'adapter à la société mondaine et d'y briller par la conversation, l'ouverture d'esprit, le sens de la mesure. Il doit se montrer tolérant et ne pas choquer, ni même ennuyer. Pour cela il lui faut éviter de faire montre de trop d'érudition (il serait alors pédant). En revanche, il doit posséder une culture générale suffisante pour pouvoir deviser avec tous. Sensible aux nuances il est aussi lucide sur les faiblesses humaines. Sous Louis XIV, le modèle évolue vers un nouveau type, peint par le chevalier de Méré. Courtisan, il est surtout soucieux de plaire au roi. L'apparence et la mondanité l'emportent et triomphe le « bel esprit » : légèreté et virtuosité. L'honnêteté n'a pas tant été considérée comme une qualité que comme « l'abrégé de toutes les autres ». Elle amène également un état d'esprit différent qui va à l'encontre de la société traditionnelle. En effet, l'honnête homme le devient par ses propres mérites, et non par naissance. En cela, elle préfigure les Lumières. Voir n. 3.
146 **Souper de Venise** : Le souper avec les six rois. « Un soir que Candide, suivi de Martin, allait se mettre à table avec les étrangers qui logeaient dans la même hôtellerie, un homme à visage couleur de suie l'aborda par-derrière, et, le prenant par le bras, lui dit : « Soyez prêt à partir avec nous... n'y manquez pas », p. 238.
147 **Commensaux** : terme protocolaire. D'après l'*Encyclopédie* : « de la maison du roi, de la reine, des enfants et petits enfants de France et autres princes qui ont une maison couchée sur l'état du roi, jouissant de plusieurs privilèges. » **Commensal** : officier du roi qui est de service. Il est difficile de savoir qui on entend par cette désignation si ce n'est « les

6 rois » du chapitre XXVI. Voir *Le code des privilèges ; le mémorial de Fuet* : « Un jour de fête que le seigneur du château était à la chasse, et que le reste de ses commensaux étaient allés à la messe de la paroisse qui en était éloignée d'un bon quart de lieue, Jacques était levé [...] », D. Diderot, *Jacques le Fataliste* (1796 ; réimprimé 2000), p. 438.

148 **Politique** : homme politique.

149 **Surtout** : vêtement de dessus, cape ou grand manteau. « Il se dit d'une sorte de justaucorps fort large, que l'on met sur tous les autres habits », *Dictionnaire de l'Académie* (1762).

150 Cf. *Candide II* Ch. IV.

151 **Paravent** : cf. *Candide*, Ch. 1er.

152 **Domestique** : domesticité, ensemble des domestiques. Domestique « se prend aussi collectivement pour tous les serviteurs d'une maison. Il a changé tout son domestique. Il a un nombreux domestique. Mon domestique se réduit à un valet et une servante », *Dictionnaire de L'Académie* (1798).

153 **Couchée en joue** : avoir en vue quelqu'un ou quelque chose. L'image reprend celle du tir à l'arc ou du tir au fusil. Cf. *Candide*, Ch. II. « On lui met sur-le-champ les fers aux pieds, et on le mène au régiment. On le fait tourner à droite, à gauche, hausser la baguette, remettre la baguette, coucher en joue, tirer, doubler le pas, et on lui donne trente coups de bâton ; le lendemain il fait l'exercice un peu moins mal, et il ne reçoit que vingt coups ; le surlendemain on ne lui en donne que dix, et il est regardé par ses camarades comme un prodige », p. 123.

154 **Forfanterie** : imposture.

155 **Gardenote** : un des titres que prennent les notaires. Fait qui viendrait, d'après l'*Encyclopédie* du fait « ils ne gardaient qu'une simple note des conventions en abrégé ». D'après le *Dictionnaire de l'Académie* (1698) : « Officier qu'on créa autrefois pour garder les minutes des contrats, transactions, obligations, &c. On a depuis uni cet office à celui de Notaire. Les notaires Gardenotes du Chastelet de Paris ».

156 **Layette** : petit tiroir dans une armoire. Tirer une layette. Mettre des papiers dans une layette.

157 **Rixdalers** : « Thalers du royaume » monnaie néerlandaise, danoise et norvégienne. Une monnaie bien connue dont le nom a donné naissance au non moins célèbre dollar. Le thaler était une monnaie allemande d'argent, disparue lors de la réforme monétaire allemande de 1871 et remplacée à ce moment par une pièce de 3 marks. À l'origine les monnaies provenant des mines de Joachimsthal, situé sur le versant du Harz en Bohème, reçurent le nom de Joachimsthaler, puis de Jochenthaler et enfin de « thaler » tout court. Le thaler devint le nom de nombreuses monnaies analogues, fort courantes en Allemagne et en Autriche. Les premiers thalers ont été frappés au Tyrol en 1484 et les derniers en 1872 à Hanovre. Les dénominations dérivées du thaler sont multiples et se retrouvent presque partout de par le monde. Nous pouvons citer comme exemples le dollar, le talari, le talero, le daalder, le rijksdaalder, le riksdalder, le rixdaler.

158 **Cyclope** : Allusion à l'*Odyssée*. En grec, le mot cyclope signifie « à œil unique ». Dans la mythologie, les cyclopes étaient des géants qui ne possédaient qu'un seul œil, énorme, placé au milieu du front. Dans *L'Odyssée*, c'étaient des bergers qui vivaient en Sicile. Issus d'une race sans foi ni loi, sauvage et cannibale, ils ne craignaient ni dieux ni hommes. Ulysse fut fait prisonnier avec ses hommes dans la caverne du cyclope Polyphème, fils de Poséidon. Pour s'échapper de la caverne, alors que le géant avait déjà dévoré six de ses hommes, Ulysse le soûla, puis creva son œil unique avec un pieu acéré. Une fois réfugié sur son navire, Ulysse se moqua du géant aveuglé et lui révéla son nom. Cet épisode semble être l'une des raisons de l'acharnement de Poséidon contre Ulysse.

159 **Trumeau** : panneau décoratif dans un mur recouvert d'une glace.

160 **Contredanse** : de l'anglais « country dance ».

161 **Virbel de Souabe** : sorte de violon ou autre instrument à corde. Terme non attesté mais qui dérive de l'allemand « *Wirbel* » ou « cheville » : la pièce de bois qui sert à donner la tension voulue aux cordes d'un instrument.

162 **Fraise** : « Espèce de collet qui a plusieurs doubles et plusieurs plis ou goderons, et qui tourne autour du col » *Dic-*

tionnaire de l'Académie (1694).

163 Livrée : « se dit aussi collectivement de tous les gens portant une même livrée », *Dictionnaire de L'Académie* (1694).

164 Phénix des intendants : Cacambo.

165 Pension viagère : pension qui dure le temps de la vie de celui qui la donne et pas au-delà.

166 Chocolat : Au XVIIe siècle, le chocolat fait son entrée en France grâce au mariage de Louis XIII avec la fille de Philippe II d'Espagne, Anne d'Autriche. Elle fait rapidement partager à la cour son goût pour le chocolat. Un quatrain alors illustre le « Nectar des Indes » : « Les vieilles rajeunies Et soudain enjouées Verront leur chair frémir D'une ardeur ranimée Brûleront des désirs Que vous imaginez Sitôt qu'au chocolat Elles auront goûté ».

167 Narguilé ou narghilé : pipe à eau principalement utilisée en Orient et dont on peut fixer l'usage social, à grande échelle, au XVIIe siècle avec celui du café public et l'adoption du tabac. Voir notes 144, 151.

168 Eaux de senteur : terme orientaliste attesté chez Galland. « Du salon on le fit entrer dans le bain, qui était d'une chaleur modérée, et là il fut frotté, et lavé avec plusieurs sortes d'eaux de senteur », A. Galland, *Mille et Une Nuits* (Paris : 1704-1717), t. X, « Histoire d'Aladdin, ou la Lampe merveilleuse », p. 69.

169 Friseur : coiffeur. Ce mot n'est pas attesté dans les dictionnaires de langue française. Il est courant dans les pays de langue allemande.

170 Usage du tabac. Le Sganarelle de Molière a ce jugement : « C'est le plaisir des honnêtes gens, et qui vit sans tabac est indigne de vivre ». On a longtemps cru que les effets du tabac étaient bénéfiques. Selon *l'Histoire Générale des Drogues* (1694) de Pierre Pomet (1658-1699), guide des herboristes et apothicaires des XVIIe-XVIIIe siècles, « la vertu du tabac c'est d'être vomitif, purgatif, vulnéraire, céphalique. Il convient à l'apoplexie, paralysie et aux catarrhes. Il décharge le cerveau d'une lymphe dont la très grande quantité ou mauvaise qualité incommode cette partie. L'usage, en fumé ou mâché convient dans les maux de dents, la migraine, les fluxions de tête, dans la goutte, les rhumatismes et autres causées par un dépôt d'humeurs glaireuses ; les feuilles sont employées pour plusieurs compositions galéniques ; appliquées sur les ulcères et sur les plaies, les nettoie et consolide assez promptement ; l'on pile ces feuilles et on les fait infuser dans du vin, ou bouillir dans de l'huile d'olive, elles sont vulnéraires, détersives et résolutives ».

171 **robe** : « robe de chambre, que les hommes et femmes portent dans la chambre. Il était en robe de chambre et en pantoufles », *Dictionnaire de l'Académie* (1694).

172 **dîner** : repas de midi.

173 **Sans coup férir** : « vieux mot (férir) qui n'est plus en usage qu'en cette phrase, sans coup férir, pour dire, sans tirer l'épée, sans donner un coup d'épée », *Dictionnaire de l'Académie* (1694).

174 **Viandes** : mets, aliment.

175 **Grenouiller** : crachoir, sens non attesté. Le verbe « grenouiller » l'est par le *Dictionnaire de l'Académie* (1694) au sens de « ivrogner » : « Cela est vilain, de s'amuser à grenoüiller comme vous faites. il est toujours dans les cabarets à grenoüiller. Il est bas. »

176 **Faire rendre gorge** : ici « faire vomir ». L'expression signifie cependant en français le fait d'obliger quelqu'un à rendre ce qu'il a pris. « Il faudra bien faire rendre gorge à ces sangsues sacrées et à ces sangsues profanes : il est temps de soulager le peuple, qui, sans nos soins et notre équité, n'aurait jamais de quoi vivre que dans l'autre monde », Voltaire, *L'Homme aux quarante écus*, t. XXI, p. 327.

177 **Se biner** : mot non attesté. La phrase veut dire « il fallait marcher à grandes enjambées pour la suivre ». Le verbe « se biner » pourrait dériver du wallon « biner » signifiant « fuir », d'où le verbe « se débiner » : « s'enfuir rapidement », « se dépêcher ».

178 **Cabaret** : meuble ou petit coffre servant à ranger les alcools. Aussi « une espèce de petite table ou plateau, qui a les bords relevés, et sur lequel on met des tasses pour prendre du thé, du café, etc. Il a acheté un beau cabaret. Cabaret de la Chine », *Dictionnaire de L'Académie* (1798).

179 **Infusion turque** : café.

180 **Des Servandoni** : décorateur (dans le cas présent ironique). Servandoni fut architecte et scénographe (Florence, 1695 ; Paris, 1766). Il s'établit en 1724 à Paris, où il devint architecte du roi (1732). Il réalisa des œuvres d'architecture (portail de Saint-Sulpice, 1732-1745), dessina des scénographies et des « machines » de théâtre dans le style rocaille et fut le maître d'œuvre de grandioses festivités royales à Londres (Royal Fireworks 1749), à Dresde (1755), à Vienne (1760).

181 **Marasquin** : liqueur spiritueuse fournie par une espèce de petites cerises acides nommées en Italie « marasca ».

182 **Ambigu** : « repas où l'on sert à la fois les viandes et le dessert. Un déjeuner, un dîner, un souper servi en ambigu. Les grands repas de corps se servent ordinairement en ambigu. Une collation se sert toujours en ambigu. On servit un ambigu magnifique », *Dictionnaire de l'Académie* (1835).

183 **Patriotique** : de paternel.

184 **Amateur** : Qui a beaucoup d'attachement pour: il ne régit que les choses. Voyez amant, Jean-François Féraud: Dictionnaire critique de la langue française (Marseille : Mossy 1787-1788).

185 **Agronomes** : se dit d'un homme versé dans la théorie de l'agriculture.

186 Phrase ambiguë. Il s'agit de la culture d'un vaste terrain.

187 **Tablette** : « tablettes sur lesquelles on écrit toute chose que ce soit sans ordre, pour après la mettre au net dedans son papier journal », *Thresor de la langue française* (1606).

188 **Livranciers** : terme de commerce. Celui qui livre des marchandes après les avoir vendues

189 **Avantageux** : « confiant, présomptueux, qui cherche à prendre avantage sur les autres », *Dictionnaire de l'Académie* (1762).

190 **Loin à loin, de loin à loin.** « A une distance considérable de lieu ou de temps, eu égard à la chose dont on parle. Planter des arbres loin à loin. Les maisons, les hameaux y sont semés loin à loin. Il ne me vient plus voir que de loin à loin », *Dictionnaire de l'Académie* (1798).

191 **Ventilateur** : « machine qui sert à renouveler l'air dans un lieu fermé, tel qu'un salle de spectacle, d'hôpital, une prison, un vaisseau, une mine, une fosse d'aisance », *Dictionnaire de l'Académie* (1798) ; « Le premier projet d'une semblable machine fut lu dans une assemblée de la société royale de Londres, au mois de mai 1741. Au mois de novembre suivant M. Tiewald, ingénieur du roi de Suède, écrivit à M. Mortimer, secrétaire de la société royale, qu'il avait inventé une machine propre à renouveler l'air des entreponts des plus bas des vaisseaux, et dont la moindre pouvait, en une heure, puiser 36172 pieds cubiques d'air », *Encyclopédie*.

192 Cf. *Candide II*, Ch. IV ; **Étrivières** : courroie à laquelle est suspendu l'étrier. Coup d'étrivière. Par extension tout mauvais traitement.

193 **Ravaler** : au sens de dénigrer, déprécier : « ravaler la dignité de médecin ».

194 **Le vertueux anabaptiste Jacques** ; cf. *Candide*, Ch. III–V. « Un homme qui n'avait point été baptisé, un bon anabaptiste, nommé Jacques, vit la manière cruelle et ignominieuse dont on traitait ainsi un de ses frères, un être à deux pieds sans plumes, qui avait une âme ; il l'amena chez lui, le nettoya, lui donna du pain et de la bière, lui fit présent de deux florins, et voulut même lui apprendre à travailler dans ses manufactures aux étoffes de Perse qu'on fabrique en Hollande. »

195 Cf. *Candide*, Ch. XVII–XVIII.

196 **Timon** : « pièce de bois du train de devant d'un carrosse, d'un chariot, qui est longue et droite, et à laquelle on atèle les chevaux. On dit figurativement. 'Prendre le timon des affaires', pour dire, Prendre le gouvernement des affaires en main », *Dictionnaire de l'Académie* (1694).

197 **Bordereau** : « mémoire des espèces d'or ou d'argent qui composent une certaine somme », *Dictionnaire de l'Académie* (1694). « Un mémoire ou une note des espèces que l'on donne en paiement, ou que l'on reçoit ou que l'on a dans sa caisse ; on dit en ce sens un bordereau d'espèces ou un bordereau de caisse », *Encyclopédie*.

198 **Placet** : pétition. Demande succincte par écrit, pour obtenir grâce, faveur. « Mais nous fatiguons le ciel force de pla-

cets » La Fontaine, *Fables*, VI, II. ; « Il va ce matin présenter au Roi un placet par lequel il demande certain poste pour récompense de ses services. Mais je doute fort qu'il l'obtienne, puisqu'il ne s'adresse pas auparavant au Premier ministre », Lesage, *Le Diable boiteux* (1726), t. II, 229.

199 **Publier** : « rendre public et notoire », *Dictionnaire de l'Académie* (1762).

200 **Martin** : cf. *Candide*, Ch. XIX et suite. « Ce savant, qui était d'ailleurs un bon homme, avait été volé par sa femme, battu par son fils, et abandonné de sa fille qui s'était fait enlever par un Portugais. Il venait d'être privé d'un petit emploi duquel il subsistait ; et les prédicants de Surinam le persécutaient parce qu'ils le prenaient pour un socinien. Il faut avouer que les autres étaient pour le moins aussi malheureux que lui ; mais Candide espérait que le savant le désennuierait dans le voyage. Tous ses autres rivaux trouvèrent que Candide leur faisait une grande injustice ; mais il les apaisa en leur donnant à chacun cent piastres. Le vieux savant, qui s'appelait Martin, s'embarqua donc pour Bordeaux avec Candide », p. 200.

201 **Manichéen** : cf. *Candide*, Ch. XX ; adeptes d'une religion syncrétique du Persan Manès ou Mani, alliant à un fonds chrétien des éléments pris au bouddhisme et au parsisme, et pour laquelle le Bien et le Mal sont deux principes fondamentaux et antagonistes. Se dit de toute conception dualiste du bien et du mal.

202 **Chamaillis** : combat. Selon le *Thrésor de la Langue Française* (1606) : « Chamaillis, est de même façon de mot que Cliquetis, et signifie le bruit et son que font les armes quand on combat âprement. « A la fin pourtant, effrayés eux-mêmes du chamaillis qui commençait à les atteindre, ils m'abandonnèrent si universellement que je demeurai tout seul au milieu de la rue, cependant que les agresseurs faisaient boucherie de tout ce qu'ils rencontraient », Cyrano de Bergerac, *Les États et Empires du soleil* (2003), p. 35.

203 **Chambellan** : « Premier Officier de la Chambre du Roi, qu'on appelle, Grand Chambellan. Quand le Roi tient son lit de Justice, le Grand Chambellan est à ses pieds. Un tel Seigneur est pourvu de la charge de Grand Chambellan », *Dic-*

tionnaire de l'Académie (1694).

204 **Disparate** : Défaut très sensible de rapport, de conformité, de parité.

205 **Relancer** : « On dit *relancer quelqu'un*, pour dire, L'aller chercher, l'aller trouver dans un lieu où il se cache pour l'engager à faire une chose qu'il n'a pas envie de faire », *Dictionnaire de l'Académie* (1694).

206 La biographie de Rousseau raconte que, monté à Paris en 1742, Rousseau, qui s'est fait, pour vivre, copiste de musique, tente sans succès de faire admettre par l'Académie une nouvelle méthode de notation qui pourtant ne reçoit pas le soutien de l'Académie des sciences. Rousseau fut compositeur. Parmi ses compositions on doit noter : « Les Muses galantes » (opéra) (1743), avec Voltaire, « Les Fêtes de Ramire » (opéra) (1744), « Le devin du Village » (opéra) (1752), « Pygmalion » (opéra) (1770). Il a également consacré des ouvrages théoriques à la musique dont : une « Dissertation sur la musique moderne » (1743) ; « Lettre sur la musique française » (1753) ; « Dictionnaire de Musique » (1767).

207 Propos rappelant la « Lettre sur la Musique » (1753) de Rousseau où il aborde la notion de musique nationale, et sous ce rapport l'éternelle bagarre franco-italienne : « Les Italiens prétendent que notre mélodie est plate et sans aucun chant, et toutes les nations neutres confirment unanimement leur jugement sur ce point ; de notre côté nous accusons la leur d'être bizarre et baroque. J'aime mieux croire que les uns ou les autres se trompent, que d'être réduit à dire que dans des contées où les sciences et tous les arts sont parvenus à un si haut degré, la musique seule est encore à naître » ; « Je crois avoir fait voir qu'il n'y a ni mesure ni mélodie dans la musique française, parce que la langue n'en est pas susceptible ; que le chant français n'est qu'un aboiement continuel, insupportable à toute oreille non prévenue ; que l'harmonie en est brute, sans expression et sentant uniquement son remplissage d'écolier ; que les airs français ne sont point des airs ; que le récitatif français n'est point du récitatif. D'où je conclus que les Français n'ont point de musique et n'en peuvent avoir », « Lettre sur la Musique ».

208 C'est la thèse des « Lettres écrites de la Montagne ». « Si

l'on m'impute de pareilles fautes, je m'en défends pas plus que des simples erreurs. Je ne puis affirmer n'en avoir point commis de telles, parce que je ne suis pas un ange ; mais ces fautes qu'on prétend trouver dans mes écrits peuvent fort bien n'y pas être, parce que ceux qui les y trouvent ne sont pas des anges non plus. Hommes et sujets à l'erreur ainsi que moi, sur quoi prétendent-ils que leur raison soit arbitre de la mienne, et que je sois punissable pour n'avoir pas pensé comme eux ? » p. 130. Voir note 4.

209 Cf. à Genève.

210 Cf. Jean-Jacques Rousseau, *Émile, ou de l'Éducation* (1762)

211 **Religion naturelle** : déisme. C'est en Angleterre que John Locke (1632–1704) réduit le christianisme à ses principes moraux, c'est-à-dire à son contenu éthique. À ce titre, on peut le considérer comme le père du déisme ou religion naturelle qui trouva sa première expression en Édouard Herbert de Cherbury. Celui-ci postule l'existence d'un être suprême à qui l'homme doit rendre un culte empreint de piété et de vertu, la nécessité d'expier ses péchés en les regrettant, et l'existence de la récompense et de la punition dans l'au-delà selon la justice de Dieu. À ses yeux, ces principes relèvent d'une religion naturelle commune à tous les hommes raisonnables. Développé en Angleterre au XVIIIe siècle par John Toland, Anthony Collins et Matthieu Tindal, le déisme marche main dans la main avec la raison. Tout en affirmant l'existence d'un être suprême, cette philosophie considère en effet comme une superstition tout le merveilleux à l'œuvre dans les évangiles : les miracles, l'affirmation de la divinité de Jésus, sa résurrection, sa filiation avec Dieu, etc. ne passent pas l'épreuve du feu qu'est devenue la raison. Pour les déistes, Jésus est un simple prophète de la religion naturelle. Par la suite, les déistes se contenteront d'affirmer l'existence d'un Dieu qui, après avoir créé le monde, l'a abandonné à son devenir sans plus intervenir. Contesté en Angleterre, le déisme passe en France et s'étend au continent européen. Voltaire, Diderot, Julien Offray de la Mettrie l'adoptent. Au XVIIIe siècle, rares sont les hommes qui s'affirment résolument athées. Le baron d'Holbach, Helvé-

tius et Sade se prévalent bien de l'athéisme, mais secrètement.

212 Deux petites îles : L'Islande et le Grœnland, jadis colonies danoises.

213 Cf. *Candide*, Ch. XIV.

214 Cf. *Le Contrat Social* ; « L'homme est né libre, et partout il est dans les fers. Tel se croit le maître des autres, qui ne laisse pas d'être plus esclave qu'eux. Comment ce changement s'est-il fait ? Je l'ignore. Qu'est-ce qui peut le rendre légitime ? Je crois pouvoir résoudre cette question. Si je ne considérais que la force, et l'effet qui en dérive, je dirais : Tant qu'un peuple est contraint d'obéir et qu'il obéit, il fait bien ; sitôt qu'il peut secouer le joug et qu'il le secoue, il fait encore mieux ; car, recouvrant sa liberté par le même droit qui la lui a ravie, ou il est fondé à la reprendre, ou l'on ne l'était point à la lui ôter. Mais l'ordre social est un droit sacré, qui sert de base à tous les autres. Cependant ce droit ne vient point de la nature ; il est donc fondé sur des conventions. Il s'agit de savoir quelles sont ces conventions. Avant d'en venir là je dois établir ce que je viens d'avancer ».

215 Plus petits états : Genève, ville d'origine de Rousseau.

216 À vue de pays : « Juger des choses en gros et sans entrer dans le détail, juger sur les premières connaissances et avant que d'avoir approfondi », *Dictionnaire de l'Académie* (1694).

217 Tournois : se dit de la monnaie qui se frappait à Tours plus faible d'un cinquième que celle qui se frappait à Paris

218 Rouet d'écraigne : le sens du mot « écraigne » est obscur. L'on peut supposer qu'il désigne les fuseaux du rouet en question, ou même le bois dont les fuseaux sont tournés car dans le patois dijonnais on dit qu'un individu est « maigre comme une écraigne ».

219 Salade sauvage : allusion à la vocation « d'herboriste » de Jean-Jacques : « Je suis presque assuré que si j'y avais été une seule fois cela m'aurait gagné, et je serais peut-être aujourd'hui un grand botaniste : car je ne connais point d'étude au monde qui s'associe mieux à mes goûts naturels que celle des plantes, et à la vie que je mène depuis dix ans à la campagne n'est guère qu'une herborisation continuelle [...] »

p. 180. Voir livres V et VI des *Confessions*. Voir aussi le *Dictionnaire de Jean-Jacques Rousseau*, « Botanique », p. 93-107.

220 **Deux anges** : «le bon et mauvais ange que les païens estimaient être deux dieux privés et familiers qui s'appliquaient à un chacun dès l'heure de sa naissance », *Thrésor de la langue française* (1606).

221 **Pied de nez** : Pied de nez a une origine assez compliquée. Au sens propre, il s'agit, en signe de moquerie, de placer sa main contre son nez, pouce tendu, touchant le nez et doigts écartés. Et on remue les quatre doigts libres, comme si c'étaient des orteils, en prononçant parfois une formule obscure, du genre tralalalalère. À l'origine, un pied représente l'ancienne mesure de longueur. Un « pied de nez » est donc un nez d'un pied de long – l'allongement du nez étant traditionnellement le signe de la honte. « Faire un pied de nez » à quelqu'un c'est donc lui faire un nez long d'un pied. Et le mimer – avec sa main – c'est contrefaire la physionomie qu'on croit imiter chez l'autre.

222 **Léviathan et Uriel** : allusion à la nature humaine « ni ange ni bête » et renvoyant à la Création. D'après la tradition juive Uriel est archange aux côtés de Michael, Gabriel, et Raphaël. La bête c'est le Léviathan qui règne sur les animaux de la mer. Il fut créé le cinquième jour avec tous les autres poissons. À l'origine il fut mâle et femelle comme tous les autres animaux. Toutefois, lorsqu'il est apparu qu'avec leurs forces réunies, deux tels monstres pouvaient détruire la terre entière, Dieu tua la femelle. Léviathan est si gigantesque que pour étancher sa soif il a besoin de toute l'eau qui coule du Jourdain dans la mer. Sa nourriture est fournie par les poissons qui entrent dans sa gueule de leur propre gré. Lorsqu'il a faim, un souffle torride sort de ses narines, qui fait bouillir les eaux de la grande mer. Béhémot, l'autre monstre, bien qu'il fût formidable, ne se sent pas en sécurité tant que Léviathan n'a pas étanché sa soif. La seule chose qui le tient en échec est l'épinoche, un petit poisson créé à cet effet, et qu'il redoute fort. Mais Léviathan n'est pas seulement grand et fort ; il est aussi une créature admirable. Ses nageoires émettent une lumière brillante qui obscurcit même le soleil, et ses yeux diffusent une telle splendeur que souvent la mer en est

Candide en Dannemarc

soudain illuminée. Il n'est pas étonnant que cette bête merveilleuse soit le jouet de Dieu.

223 **Les Bulgares et les Abares** : nations ennemies dans les chapitres II et III de Candide. « Il [Candide] avait déjà un peu de peau et pouvait marcher, quand le roi des Bulgares livra bataille au roi des Abares », p.124-5.

224 **Endurant** : « Qui souffre aisément les injures, la contrariété, les mauvais procédés », *Dictionnaire de l'Académie* (1798).

225 **A la sourdine** : « Façon de parler adverbiale et figurée. Avec peu de bruit, secrètement. Les ennemis ont délogé à la sourdine. Il s'est marié à la sourdine. Il s'en est allé à la sourdine. Il est du style familier », *Dictionnaire de l'Académie* (1798). « Si la Dame Lorença me fait entrer à la sourdine dans son appartement, c'est pour cacher aux domestiques la connaissance de son mal », Lesage, *Histoire de Gil Blas de Santillane* (1715), t. 1er, p. 9.

226 **sur la brune** : le soir. « Sur la brune, *Ineunte nocte* », *Thrésor de la Langue Française* (1606) ; « Vous vous trompez, répondait un petit-maître : je me suis promené cent fois sur la brune avec elle, et je m'en suis assez bien trouvé. Mais à propos, savez-vous que Zulémar est assidu à sa toilette ? », D. Diderot, *Les Bijoux indiscrets* (1748), t. 1er, p. 166.

227 **La cruelle opération** : la castration des eunuques.

228 **Le jeune Italien** : le « castrat » dans l'histoire de la Vieille aux chapitres XI et XII de *Candide*. « Je suis né à Naples, me dit-il, on y chaponne deux ou trois mille enfants tous les ans ; les uns en meurent, les autres acquièrent une voix plus belle que celle des femmes, les autres vont gouverner les États. On me fit cette opération avec un très grand succès, et j'ai été musicien de la chapelle de Mme la princesse de Palestrine. – De ma mère ! m'écriai-je. – De votre mère ! s'écria-t-il en pleurant. Quoi ! vous seriez cette jeune princesse que j'ai élevée jusqu'à l'âge de six ans, et qui promettait déjà d'être aussi belle que vous êtes ? – C'est moi-même ; ma mère est à quatre cents pas d'ici, coupée en quartiers sous un tas de morts... », p. 158.

229 **Satellites** : « On appelle ainsi un homme d'épée qui est aux gages et à la suite d'un autre, comme le ministre et

l'exécuteur de ses violences », *Dictionnaire de l'Académie* (1694).

230 **M. de la Croix** : Pétis de la Croix. Famille d'orientalistes français s'étendant sur trois générations. François Pétis de la Croix (1622-1695) fut interprète du roi pour les langues turques et arabes. Il composa un *Dictionnaire turc-français et français-turc*. Son fils, aussi nommé François Pétis de la Croix (1653-1713), étudia la langue et la littérature persanes. Pétis de la Croix *fils* fut l'auteur d'un grand nombre d'ouvrages dont *Les Mille et un Jours, contes persans*, publié à Paris en 1710-1712. Alexandre-Louis Pétis de la Croix (1698-1751), secrétaire interprète du roi, est l'auteur d'un ouvrage inspiré des *Lettres Persanes* de Montesquieu, intitulé *Lettres critiques de Hadji Mohammed-Effendi, traduites du turc par Ahmed Frengui, renégat flamand* (1735). Cf. *Candide II*, Ch. III.

231 **Hottentots** : sauvage misérable. Peuple nomade d'Afrique australe. « Dénué de langage, de religion, de police, de lois, le Hottentot est jugé inconvertible par les missionnaires jésuites – Tachard, Choisy, Le Blanc – Considéré comme le plus misérable sauvage que la terre ait jamais porté, il donne lieu à des portraits négatifs dans la correspondance des jésuites et la presse périodique. « Notre aumônier prétend que les Hottentots, les Nègres et les Portugais, descendent du même père. Cette idée est bien ridicule ; j'aimerais autant qu'on me dît que les poules, les arbres, et l'herbe de ce pays-là, viennent des poules, des arbres et de l'herbe de Bénarès ou de Pékin », Voltaire, *Troisième lettre du journal d'Amabed, Quatrième lettre d'Amabed à Shastasid* (Moland) 21, p. 458.

232 **Opération** : il s'agit de la castration.

233 **Janissaire** : soldat d'élite de l'infanterie turque appartenant à la garde du sultan. Selon L'*Encyclopédie* : « soldat d'infanterie turque, qui forme un corps formidable en lui-même, et surtout à celui qui le paye ».

234 Géographe allemand Carsten Niebuhr (1733-1815). En 1760 Frédéric V de Danemark organisa une expédition en Égypte, en Arabie et en Syrie. Elle prit la mer en janvier 1761 et arrivée à Alexandrie, remonta le Nil et alla à Suez.

De là Niebuhr alla au Mont Sinaï, et en octobre 1762, l'expédition quitta Suez pour Djeddah, voyageant ensuite par route jusqu'à Mocca au Yémen. C'est là que mourut Frederick von Haven, le philologue de l'expédition, puis peu après le naturaliste Pehr Forsskål. Les membres restants de l'expédition visitèrent ensuite Sanaa, mais souffrirent tant du climat et du mode de vie qu'ils retournèrent à Mocha. Seul survivant, Niebuhr semble avoir sauvé sa propre vie en adoptant les habitudes vestimentaires et alimentaires des indigènes. Il rentra à Copenhague en octobre 1767, année où parut notre texte.

235 **Aden** : capitale de Yémen du Sud ville située non loin de l'entrée de la Mer Rouge.

236 **Sequins** : ancienne monnaie d'or de Venise, qui avait cours en Italie et dans le Levant.

237 **Alep** : ville historique située au nord de la Syrie. Selon L'*Encyclopédie* : « Le commerce d'*Alep* est le même que d'Alexandrette, qui n'est, à proprement parler, que le port d'*Alep*. Les pigeons y servent de courriers ; on les instruit à ce voyage, en les transportant d'un de ces endroits dans l'autre, quand ils ont leurs petits. L'ardeur de retrouver leurs petits, les ramène d'*Alep* à Alexandrette ou d'Alexandrette à *Alep*, en trois heures, quoiqu'il y ait vingt à vingt-cinq lieues. La défense d'aller autrement qu'à cheval d'Alexandrette à *Alep*, a été faite pour empêcher par les frais le matelot de hâter la vente, d'acheter trop cher, et de fixer ainsi le taux des marchandises trop haut. On voit à *Alep* des marchands français, anglais, hollandais, italiens, arméniens, turcs, arabes, persans, indiens, *etc.* Les marchandises propres pour cette échelle sont les mêmes que pour Smyrne. Les retours sont en soie, toile de coton, comme amanblucies, anguilis, lizales, toiles de Beby, en Taquis, à Jamis, et indiennes, cotons en laine ou filés, noix de galle, cordouans, savons, et camelots fort estimés. » Voir note 213.

238 **Droit d'aubaine** : « Succession aux biens d'un étranger qui meurt dans un pays où il n'est pas naturalisé », *Dictionnaire de l'Académie* (1762).

239 **Moka** : ville et port du Yémen, sur la mer Rouge. Autrefois ville principale (50 000 habitants) de l'« Arabie Heu-

reuse », grâce à son commerce d'épices, de dattes et de café.

240 Cf. *Candide II*, Ch. IV.

241 Cf. *Candide*, Ch. IV. : « l'amour, le consolateur du genre humain », p. 130.

242 **Alexandrette** : Iskenderun, Turquie. « Ville de Syrie en Asie, à l'extrémité de la mer Méditerranée, à l'embouchure d'un petit ruisseau appelé Belum ou Soldrat, sur le golfe d'Ajazze » *Encyclopédie*. Ce port important, situé sur un large golfe portant le même nom, servait de débouché au nord de la Syrie et, en particulier, à la grande ville d'Alep qui se trouvait à une centaine de kilomètres. Le Sandjak d'Alexandrette avait été rattaché, après 1918, à la Syrie sous mandat français. Il a été rétrocédé à la Turquie en 1938, mais, sous son nom turc D'Iskenderun, le port rappelle toujours le souvenir du grand Iskander, titre sous lequel Alexandre le Grand fut déifié par les Perses. Voir note 209.

243 Cf. *Candide II*, Ch. X.

244 **Chio** : île grecque montagneuse de la mer Égée, atteignant 1 300 m et proche de la côte turque.

245 **Norvège** : En 1380, la Norvège est réunie au Danemark. Cette union dure 400 ans. La Norvège passe aux mains de la Suède en 1814, mais elle se rebelle en adoptant sa propre Constitution. Son combat pour l'indépendance tourne court devant une invasion suédoise. Les Norvégiens se voient accorder le droit de conserver leur Constitution, mais sont forcés d'accepter le souverain suédois. La résistance nationale finit par l'emporter et la Norvège acquiert son indépendance en 1905. Les Norvégiens optent alors pour la monarchie et choisissent le prince Charles de Danemark comme souverain. Celui-ci prend le titre de Håkon VII.

246 **Petit couvert** : ici repas intime par opposition au grand couvert qui est le « repas qu'un monarque fait en public avec un certain cérémonial », *Dictionnaire de L'Académie* (1694).

247 **Faire le diable** : rouspéter, gueuler. « Il fait le diable, c'est-à-dire, il fait l'enragé », *Dictionnaire de l'Académie* (1698). « Mais la vieille, pas confiante, commence à miauler, à faire le diable, et finit par nous griffer avec ses pattes jaunes », Pierre Loti, *Pêcheur d'Islande*.

248 **Tourbe** : motte faite de terre grasse, propre à brûler, qu'on prend dans les marais.

249 **Le terrible châtiment de baguettes** ; cf. *Candide*, Ch. II : « On lui demanda juridiquement ce qu'il aimait le mieux d'être fustigé trente-six fois par tout le régiment, ou de recevoir à la fois douze balles de plomb dans la cervelle. Il eut beau dire que les volontés sont libres ; et qu'il ne voulait ni l'un ni l'autre, il fallut faire un choix ; il se détermina, en vertu du don de Dieu qu'on nomme *liberté*, à passer trente-six fois par les baguettes ; il essuya deux promenades. Le régiment était composé de deux mille hommes ; cela lui composa quatre mille coups de baguette, qui, depuis la nuque du cou jusqu'au cul, lui découvrirent les muscles et les nerfs. Comme on allait procéder à la troisième course, Candide, n'en pouvant plus, demanda en grâce qu'on voulût bien avoir la bonté de lui casser la tête ; il obtint cette faveur ; on lui bande les yeux, on le fait mettre à genoux », p.123-4.

250 **Le persécuteur de Job** : Dieu. « Le persécuteur de Job aurait pu beaucoup apprendre de ceux qui vous guident, dans l'art de rendre un mortel malheureux », *Rousseau, juge de Jean-Jacques*, p. 990.

251 **Le protecteur du jeune Tobie** : l'archange Raphaël. Le livre de Tobie se présente comme un roman édifiant. Il raconte l'histoire de deux infortunes qui vont trouver leur solution. Il y a d'une part Tobit, un Juif pieux qui fait partie de la déportation à Ninive. Victime d'une maladie des yeux, il devient aveugle et réduit à la misère. Son fils, Tobie part alors dans un long voyage pour recouvrer une créance. Il y rencontrera sa future épouse, Sara, victime d'un démon qui fait périr ses fiancés au fur et à mesure qu'ils se déclarent. Tobit sera guéri de sa cécité et Sara délivrée de son démon grâce à l'intervention d'un ange, Raphaël, qui va accompagner Tobie tout au long de son voyage.

252 **Cense** : une ferme ou métairie. D'après le *Dictionnaire de l'Académie* (1798) « ce mot n'est en usage qu'en certaines provinces, comme la Picardie, le Hainaut, la Flandre, la Bourgogne, etc. ».

253 **D'ailleurs** : par ailleurs.

254 **Comptable** : sujet à rendre compte.

255 Nœud gordien : situation inextricable. « Ce qui était remarquable (dans le temple de Jupiter), c'était un char qui, assurait-on, avait transporté le père de Midas, Gordios. […] Le joug était une curiosité car bien des nœuds s'y mêlaient les uns aux autres dans un confus enchevêtrement. Puis comme les indigènes affirmaient que, d'après la prédiction d'un oracle, celui qui dénouerait le lien inextricable serait le maître de l'Asie, le désir vin au cœur d'Alexandre de réaliser cette prédiction […] ». Quinte-Curce, *Histoires*, III, p. 14–18.

Bibliographie sélective

Ouvrages de référence :

Année littéraire, éd. par E.-C. Fréron (1754-1775), 292 tomes (Paris : Michel Lambert, 1754-1762 ; C.-J. Panckoucke 1763-1766 ; Amsterdam : Fréron, 1754-1791).

Barbier, A., *Dictionnaire des ouvrages anonymes et pseudonymes*, 4 vols (3ᵉ édition, Paris : Bibliothèque impériale, 1872).

Bengesco, G., *Voltaire : Bibliographie de ses œuvres*, 4 tomes (Paris : Rouveyre et Blond, 1882-1890).

Bibliothèque de Voltaire : *catalogue des livres* (Moscou-Leningrad : Éditions de l'Académie des Sciences de l'URSS, 1961).

Cotgrave, R., *Dictionarie of the French and English Toungues* (London: Printed by Adam Islip, 1611; Amsterdam: Theatrum Orbis Terrarum; New York: Da Capo Press, 1971).

Dictionnaire de biographie française, sous la direction de Prévost et d'Amat Letouzey et Ané (Paris : Letouzey et Ané, 1933 ; réimprimé 1956).

Dictionnaire de l'Académie (Paris : 1ᵉʳᵉ édition, 1694 ; 5ᵉ édition, 1798 ; 6ᵉ édition, 1835).

Dictionnaire de Jean-Jacques Rousseau, sous la direction de R. Trousson (Paris : Champion, 1996).

Dictionnaire des lettres françaises, XVIIIᵉ siècle (Paris : Larousse, 1860).

Dictionnaire des romans anciens et modernes, ou méthode pour lire les romans d'après leur classement par ordre et matière (Paris : A. Marc, 1819).

Dictionnaire universel du XIXᵉ siècle (Paris : Larousse, 1866).

Dictionnaire Voltaire, sous la direction de Jacques Lemaire (Bruxelles : Hachette, 1994).

Encyclopédie, ou dictionnaire raisonné des sciences, des arts, et des métiers (1751-1780 ; réimprimé Stuttgart-Bad Cannstatt : Friedrich Fromann Verlag, 1967).

Féraud, Jean-François, *Dictionnaire critique de la langue française*, (Marseille : Mossy, 1787-1788).

Furetière, A., *Dictionnaire universelle* (1690 ; réimprimé Paris : SNL-Le Robert, 1978).

Godefroy, *Dictionnaire de l'ancienne langue française* (1880-1902) (nouveau tirage, Paris : Librairie des Sciences et des Arts, 1937).

Hœffer, J.C.F., *Nouvelle biographie universelle*, 46 tomes (Paris : Firmin Didot, 1852, réimprimé 1964).

Huguet, E., *Dictionnaire de la langue française du seizième siècle* (Paris : Champion, 1925).

Journal de Trévoux [*Mémoires pour l'histoire des sciences & des beaux arts*, ou, *Mémoires pour servir à l'histoire des sciences et des arts*, ou, *Mémoires pour servir à l'histoire des sciences et des arts*], éd. R.J. de Tournemine, Pierre Brumoy, G.F. Berthier, et al., 265 tomes (Trévoux et Paris: Imprimerie de S.A.S., 1701-1767).

Nicot, Jean, *Thresor de la langue françoise tant ancienne que moderne* (1606 ; réimprimé Paris : Picard, 1960).

Pigoreau, Alexandre N., *Petite Bibliographie romancière* [+17 suppléments] (Paris : Pigoreau, 1821-1828).

Quérard, Joseph M., *Dictionnaire des ouvrages polyonymes et anonymes de la Littérature Française, 1700 à 1845* (Paris : Firmin Didot et fils, 1846).

Terminorium musicæ index system linguis redactus (Budapest : Akadémiai Kiadó, 1978).

Ouvrages et périodiques des XVᵉ-XIXᵉ siècles :

Brantôme, Pierre de Bourdeilles, seigneur de, *Vies des dames galantes* (1666 ; Paris : Garnier frères, 1873-1876).

Castiglione, B., conte, *Le Livre du courtisan* (1528), trad. fr. Gabriel Chappuis. Édité par Alain Pons (1580 ; Paris : Lebovici, 1987).

Caylus, Anne-Claude Philippe de Pestels de Lévis de Tubières-Grimoard, *Histoire de Dakianos et des sept dormants* (Genève : Barde et Mauget, 1786).

Cyrano de Bergerac, *États et Empires du soleil* (1662), éd. B. Parmentier (Paris : Flammarion, 2003).

Diderot, D., *Le Fils naturel ou les épreuves de la vertu* (Amsterdam, 1757).

——, *Des Bijoux indiscrets* (Au Monomotapa [Paris? : s.n., 1748).

——, *Jacques le fataliste* (Paris : Chez Buisson, An 5e de la République [1796/1797]).

Dumas, A. père, *Mémoires d'un médecin : Joseph Balsamo*, A. Dumas illustré (Paris : M. Lévy frères, 1860).

Faret, Nicolas, *L'Honnête Homme ou l'art de plaire à la cour* (Paris, 1630).

Fuet, M^e, *Recueil de Jurisprudence canonique et bénéficiale par ordre alphabétique par Me Guy du Rousseaud de la Combe sur les mémoires de feu Me Fuet* (Paris, 1755).

Galland, A. *Les mille et une Nuits: Contes arabes. [...] Traduction en francois par Galland*, 12 vols (Paris: chez la veuve de Claude Barbin, 1704–1717).

Gautier, T., *Le Capitaine Fracasse* (Paris : Charpentier, 1863).

Graffigny, Mme de, *La Vie privée de Voltaire et de Mme Du Châtelet pendant un séjour de six mois à Cirey* (Paris : Treuttel et Wurtz, 1820).

Grimm, Friedrich-Melchior, *Correspondance littéraire, philosophique et critique par Grimm, Diderot, Raynal, Meister, etc.*, 16 tomes (Paris : Garnier, 1877–1882).

Guizot, François-Pierre-Guillaume, *Histoire générale de la civilisation en Europe* (Paris : Pichon et Didier, 1828).

Heine, H., « Don Quichotte », dans *De tout un peu* (Paris : Michel-Lévy, 1837).

Laclos, Pierre Coderlos de., *Les Liaisons dangereuses* (Amsterdam et Paris : Durand Neveu, 1782).

Hugo, V., *Notre-Dame de Paris* (Paris : Hetzel et Maison Quantin, 1880).

Lesage, Alain-René, *Histoire de Gil Blas de Santillane* (Paris : chez la veuve Ribou, 1715).

Mercure de France, éd. par Dufresny, Laroque etc., 977 tomes (Paris : chez Guillaume Cavelier, 1724–1791).

Mirabeau, Victor Riquetti de, marquis de, *Ami des Hommes, ou traité de la population* (Avignon, 1755).

Niebuhr, Carsten, *Beschreibung von Arabien* (Copenhague : Möller, 1772).

——, *Reisebeschreibung von Arabien und anderen umliegenden Ländern* (Copenhague : Möller, 1774–1778).

Pomet, Pierre, *Histoire générale des drogues, traitant des plantes, des animaux, et des mineraux* (Paris : Jean-Baptiste Loyson ... Estienne Ducastin, etc., 1694).

Restif de la Bretonne, *Le Paysan perverti* (Paris : La Haye, 1776).

Robinet, Jean-Baptiste-René, *De la Nature* (Amsterdam : E. van Harrevelt, 1761).

Rousseau, Jean-Jacques, *Collection complète des œuvres de J.-J. Rousseau* (Genève : [Paul Moultou et du Peyrou], 1782).

——, *Œuvres complètes de Jean-Jacques Rousseau*, éd., B. Gagnebin, M. Raymond, 5 vols (Paris : Gallimard, 1959–1969 ; 1995), particulièrement : « Les Confessions », vol. 1 (1959) ; « Rousseau, juge de Jean-Jacques », vol. 1 (1959).

——, *Écrits sur la musique* (Paris : Stock, 1979).

——, *Dictionnaire de musique*, 2 vol. (Paris : Art et Culture, 1977).

——, *Correspondance complète de Jean-Jacques Rousseau*, éd. par R.A. Leigh, 50 vol. (Genève : Institut et Musée Voltaire et Banbury : The Voltaire Foundation, 1965–1991).

——, *Julie, ou la Nouvelle Héloïse* (Amsterdam : Chez Marc Michel Rey, 1761).

——, *Lettres écrites de la montagne* (Amsterdam : chez M.M. Rey, 1764).

Sigorgne, Pierre, *Lettres écrites de la plaine, en réponse à celles de la montagne* (Amsterdam : [s.n.], 1765).

Thorel de Campigneulles, Charles-Claude-Florent de, *Cléon, rhéteur cyrénéen* (Amsterdam [Paris], 1750).

——, *Candide ou l'optimisme, seconde partie* (1760), éd. par É. Langille (Exeter : University of Exeter Press, 2003).

——, *Le Temps perdu* (1756).

——, *Cléon ou le petit maître-esprit fort* (Genève, 1757).

——, *Essais sur divers sujets* (Londres et Paris : Chez Lambert, 1758).

——, *Anecdotes morales sur la fatuité* (Amsterdam et Paris, 1760).

——, *Le Nouvel Abaillard* (Indes, et Paris, 1763).

——, *Nouveaux Essais en différents genres* (Genève et Lyon, 1765).

——, *Dialogues moraux* (Amsterdam, 1768 ; Paris : chez Laurent Prault, 1770 ?).

——, *Candide, ou, L'optimisme. Seconde partie*, traduit de l'allemand de M. Le docteur Ralph ; édition préparée par Édouard Langille [*Candide. Seconde partie*]. Exeter textes littéraires 2 (Exeter : University of Exeter Press, 2003)

Tronchin, J.-R., *Lettres écrites de la campagne* (Genève : S.l. : s.n.,, [1763]).

Trousson, R., *Jean-Jacques Rousseau*, 2 vol. (Paris : Tallandier, 1989).

Urfé, Honoré d', *L'Astrée*, 3 vol. (Paris : T. du Bray, 1610–1628).

Voltaire, *Œuvres complètes de Voltaire* ([Kehl] : De l'imprimerie de la Société littéraire-typographique, 1784–1789).

——, *Œuvres de Voltaire*, 72 t. (Paris : Lefèvre, 1829-1840 ; vol. 71-72, Paris : M. Beuchot, 1834), particulièrement : *Sentiment des citoyens*, vol. 25 ; *Lettres sur la Nouvelle Héloïse*, vol. 40.

——, *Œuvres complètes de Voltaire*, ed. par Louis Moland, 52 t. (Paris : Garnier, 1877–1885), particulièrement : *Troisième lettre du journal d'Amabed, Quatrième lettre d'Amabed à Shastasid*, vol. XXI ; *Sentiment des citoyens ; Le Taureau Blanc*, vol. XXI.

——, *Les Œuvres complètes de Voltaire* (Genève : Institut et Musée Voltaire, 1968- et Oxford : Voltaire Foundation,

1972–), particulièrement : *La correspondance de Voltaire : correspondence and related documents*, éd. par Theodore Besterman (Toronto et Oxford : Voltaire Foundation, 1968–1977) ; *Candide, ou, L'optimisme*, éd. par René Pomeau (Paris : Nizet, 1959 ; réimprimé Oxford : Voltaire Foundation, 1980) (vol. XLVIII) ; *Dictionnaire philosophique*, sous la direction de Christiane Mervaud (Oxford: Voltaire Foundation, 1994) (vol. XXXV–XXXVI).

——, *Candide, ou, L'optimisme*, éd. par René Pomeau (Paris : Nizet, 1959).

——, *Candide, ou, L'optimisme*, éd. par André Morize (Paris : Hachette, 1913 ; réimprimé Paris : Didier, 1957).

——, *Candide, ou, L'optimisme*, éd. par Christopher Thacker (Genève : Droz, 1968).

——, *Candide*, tr., ed., and with an introduction by Daniel Gordon (Boston, Mass. : Bedford/St. Martin's, 1999).

——, *Essai sur les mœurs*, éd. par René Pomeau (Paris : Garnier frères, 1963).

——, *L'Ingénu*, éd. par W.R. Jones (Genève : Droz, 1957).

Walpole, Horace, *The Castle of Otranto* (Londres : printed for Tho. Lownds, 1765 [1764]).

Études :

Balcou, J., *Le dossier Fréron*, 2 tomes (Genève-St-Brieuc : Droz, [1975]).

——, *Fréron contre les philosophes* (Genève : Droz, 1975).

Baud-Bovy, S., « Rousseau musicien » dans *Jean-Jacques Rousseau* (Neuchâtel : Droz, 1962), p. 51–66.

——, « J.-J., Rousseau et la musique française », *Annales J.J Rousseau*, 38 (1969–1971), p. 259–64.

——, « Jean-Jacques Rousseau et la musique », *Annales J.J. Rousseau*, 39 (1972–1977), p. 159–70.

Bensoussan, D., *La maladie de Rousseau* (Paris : Klincksieck, 1974).

Besterman, T., « Some eighteenth-century Voltaire editions unknown to Bengesco », *SVEC*, 111 (1973), p. 123–242.

Château, J., *Jean-Jacques Rousseau. Sa Philosophie de l'éducation* (Paris : Corti, 1962).

Eastlake, Charles L.., *A History of the Gothic Revival. An Attempt to show how the Taste for Medieval Architecture, which lingered during the last two centuries, has since been encouraged and developed* (Londres : Longmans, Green, & Co., 1872).

Emilina, J., « Candide à la scène », *RHLF,* 81 (1981), p. 11–23.

Haslag, J., « Gothic » im *17. Und 18. Jahrhundert. Eine Wort- und-Ideengeschichtliche Untersuchung* (Cologne : Graz, 1963).

Havens, G.R., « Eighteenth-Century Critics of Rousseau's Second Discours », dans *Essays on the Age of Enlightenment in honor of Ira O. Wade,* éd. par Jean Macary (Genève : Droz, 1977), p. 143–54.

Hazard, P., *La Pensée européen au XVIIIe siècle,* 2 tomes (Paris : Boivin, 1946).

Henriot, É., « La seconde partie de Candide », *Le Temps* (17 février 1925), p. 3.

——, *Livres et portraits,* 3e série (Paris : Plon, 1927).

Gouhier, H., *Rousseau et Voltaire, portrait dans deux miroirs* (Paris : Vrin, 1983).

Lévy, Maurice, *Le Roman « gothique » anglais, 1764–1824* (Toulouse : Association des publications de la Faculté des lettres et sciences humaines, 1968).

——, « Le Premier renouveau gothique et la sensibilité anglaise au milieu du XVIIIe siècle », *Études anglaises,* 14 (1961), p. 349–50.

Longueil, A. « The Word Gothic in Eighteenth–Century Criticism », *MLN,* 38 (1923), p. 453–60.

Marty, O., *Rousseau de l'enfance à quarante ans* (Paris : Debresse, 1975).

Money, John, Gordon Wainwright and David Hingsburger, *The Breathless Orgasm : A Lovemap Biography of Asphyxophilia* (Armherst (NY) : Prometheus Books, 1991).

Mornet, D., « Les Imitations de Candide », dans *Mélanges offerts à Gustave Lanson* (Paris : Hachette, 1922 ; réimpression Genève : Slatkine, 1972), p. 298-303.

Mortier, Roland, « Deux imitations de *Candide* au XVIIIe siècle », *Neophilologus*, 35:1 (déc. 1951), p. 17-24.

Pomeau, R., « Voltaire, Rousseau, deux débuts dans la vie », *Annales J.J. Rousseau*, 39 (1972-1977), p. 7-23.

Rey-Flaud, H., « Freud et la Mandragore », dans *Et c'est la fin pour quoy sommes ensemble : hommage à Jean Dufournet*, éd. par É. Baumbartner (Paris : Champion, 1993), p. 1193-203.

Roudault, J., « Les Demeures dans le Roman Noir », *Critique*, 147-8 (1959), p. 713-36.

Rustin, Justin, « Les suites de Candide au XVIIIe siècle », *SVEC*, 90 (1972), p. 1395-416.

Saint-Amand, P., « Rousseau contre la science », *SVEC*, 219 (1983), p. 159-67.

Thacker, C., « Son of Candide », *SVEC*, 58 (1967), p. 1515-31.

Vercruysse, J., « Les enfants de Candide », dans *Essays on the Age of Enlightenment in Honor of Ira O. Wade*, éd., par Jean Macary (Genève: Droz, 1977), p. 369-76.

Weightman, J.C., « The Quality of Candide », dans *Essays presented to C.M. Girdlestone*, éd. par E.T. Dubois *et al.* (Newcastle, Kings College: University of Durham, 1960), p. 335-47.

Lightning Source UK Ltd.
Milton Keynes UK
15 May 2010
154230UK00001B/23/P